경남산문선 95

배정희
수필집

매화마름에 반하다

둘판 경남

author's note

작가의 말

문단에 데뷔했을 때 당선 소감에서, 어머니 자서전을 써 드리고 싶다고 했습니다. 글을 쓰게 된 원동력인 어머니께, 그리고 올 시월, 사모아에서 40년 만에 귀향할 동생에게 이 책을 바칩니다.

큰 바위처럼 묵묵히 지켜봐 준 남편과 사랑하는 자녀들에게 고마움을 전하고 싶습니다. 빛나는 글이 되게 도와주신 선생님들, 따뜻한 격려로 힘을 주신 문우님들 감사합니다.

2025년 7월

배정희

차례

봄
spring

작가의 말	2
탈출	10
청포묵과 어머니	16
람사르 총회와의 인연	20
고슴도치 부부의 혼밥 연습	25
새벽 빗소리	30
종가의 교자상	34
낙동강 천삼백 리	37
지혜의 숲에 들다	44
길 위에서	49
매화마름에 반하다	54
임대가 뭐예요	59
전복죽 한 그릇	64

여름
summer

콩잎 댓 묶음	72
7번 국도를 달린다	77
커피 이야기	81
문중 자연장지 신고서	86
하늘 허수아비	91
40년 만의 귀향	94
뒷모습	101
보물을 찾다	104
곰국을 끓이다가	109
헬레나 수녀님	114
강진 그리고 다산 정약용	118

가을
autumn

바닷가 이야기	124
맛있는 여행	130
메노포즈	135
축제는 계속된다	138
국립중앙박물관을 다녀와서	143
옷 벗는 나무	147
독수리와 고성 습지	152
은혜받은 산골 마을	157
진해의 숨은 멋	162
아버지와 아들	167
도둑맞은 선인장	172

겨울
winter

고목의 변신	178
평창 물대포 놀이	183
춘양에서 만난 가을	187
설렘과 추억을 안겨준 에티오피아	193
한겨울 이불 같은 어머니	199
위층 남자의 눈물	204
안녕, 편히 쉬세요	209
창녕 만옥정공원 유적과 성주 문학기행	212
율하천을 걷는다	217
주방에 걸린 액자	222
백두산 가는 길	226

봄

| spring |

봄
spring

탈출

주방에서 습관처럼 머그잔 뚜껑을 열자마자 깜짝 놀랐다. 어젯밤까지만 해도 죽은 듯 꼼짝 않던 달팽이가 길게 몸을 늘어뜨리고 붙어 있어서이다. 얼른 싱싱한 양상추 한 잎을 머그잔에 넣어 준다. 녀석이 놀라 몸을 오그리고 제집에 쏙 들어갈 줄 알았는데 어쩐 일인지 녀석은 그대로 있다. 이젠 익숙해져 포기했나 싶다가도 뚜껑까지 기어 올라온 걸 보니 또 탈출을 시도하려는 게 틀림없다. 그러고 보니 머그잔을 탈출하는 것이 이제 녀석의 일상이 된 것이다.

두어 달 전이다. 시골 텃밭에서 뜯어 온 상추를 씻다가 물속으로 툭 떨어지는 달팽이 한 마리를 발견했다. 녀석은 초록빛

텃밭에서 느긋하게 만찬을 즐기다가 갑작스레 비닐봉지에 담겨 우리 집까지 따라온 것이다. 갑자기 변한 환경에 얼마나 놀랐을까. 후일 시골에 가면 놓아주기로 하고 우선 머그잔에 상추를 넣어 주었다. 그날부터 우리의 동거가 시작되었다. 혹 공기가 통하지 않을까 싶어 뚜껑을 반쯤 열어 놓고 부드러운 종이로 가볍게 덮어 놓았다. 녀석의 동정을 시시때때로 살폈다. 낮에는 상추잎에 몸을 숨겼다가 밤이면 뚜껑으로 기어 올라왔다. 흙냄새가 그리워서일까. 매끈한 머그잔 정상을 향해 오르고 또 오른다. 녀석의 최대 목표는 이 원통형 통 안을 탈출하는 것이었다.

얼마 후 녀석은 잠시나마 목적을 이루었다. 그날도 아침에 새 상추를 넣어 주려고 머그잔을 뒤집었는데 시든 잎에 검은깨 같은 똥만 여기저기 싸놓고 사라졌다. 주방과 개수대 여기저기를 찾았으나 보이질 않았다. 뛰어봤자 벼룩이고 이곳은 부처님 손바닥 같은 집 안이었다. 녀석을 금방 찾으리라 생각했는데 쉬이 모습을 볼 수 없었다. 그렇게 일주일쯤 지났을까. 싱크대 수도꼭지 옆에서 녀석이 나타났다. 그동안 얼마나 고생했을까. 얼른 녀석의 몸에 물을 촉촉이 적셔주고 채소와 함께 머그잔에 집어넣었다.

밤마다 탈출을 시도하는 녀석을 보면서 영화 '쇼생크 탈출'을 생각해 본다. 사람과 미물인 달팽이를 비교한다는 게 말이 안

되지만 최대한 그 입장에서 생각해 보았다. 영화 속 '앤디'도 독방에서 2주 정도 갇혀 있다 나왔을 때 몰골이 처참했다. 갇힌 공간은 누구에게나 옥죄어오는 올가미 같은 구속감을 들게 한다. 억울한 누명을 쓴 주인공 '앤디'에게는 '레드'라는 인간적인 정을 나눌 친구가 있어 그나마 버틸 수 있었다. 아무도 없는 공간에서 먹는 것만으로 만족할 수 있었을까. 묵묵히 탈출을 시도하는 달팽이의 집념과 끈질긴 생명력에 새삼 감탄이 나온다. 달팽이 한 마리를 더 잡아 쌍으로 넣어 준다면 알콩달콩 잘 지낼 수 있을까.

　나도 낯선 환경에서 갈팡질팡하던 때가 있었다. 결혼 전까지는 친정어머니 곁을 떠나 본 적이 없었다. 결혼은 곧 현실이었다. 결혼식을 마치고 신혼여행을 다녀왔는데 시댁에서 신접살림을 내어주지 않았다. 시댁 식구들과 시가 가풍을 익혀야 한다는 이유에서였다. 첩첩산중 시댁에 꼼짝없이 갇혀 버렸다. 지금처럼 승용차가 흔한 시절도 아니었다. 승용차는커녕 하루에 두 번 정해진 시간에만 버스가 지나갈 뿐이었다. 사방을 둘러보아도 논밭과 산뿐이고 해가 지면 적막강산이었다. 도시의 번화가에서 자란 나는 낯선 곳에 홀로 유배된 것 같았다.

　결혼 직전에 이모와 고모들이 내게 일러 주었다. "시댁에 가면 시할머니와 시부모님이 계시니 일찍 일어나 마당부터 쓸어라. 예쁘게 단장하고 아침 문안을 드려야 한다." 순진했던 나는

언제쯤 이곳을 나갈 수 있을까. 가슴 졸이는 나날이었다.
그렇다고 누가 나를 서운하게 하거나 속상하게 한 적은 없었다.
돌이켜보면 낯선 환경에 적응하지 못해 혼란을 겪던 시기였다.

그 말을 새겨들었다. 하루하루 긴장 속에서 보내다 보니 깊은 잠을 이루지 못했다. 어느 날은 일찍 일어나 세수부터 하고 장대 빗자루로 넓은 마당을 쓸었다. 마당을 다 쓸 때까지 시어른들은 일어나질 않았다. 이상하다 싶어 방에 들어와 시계를 보니 새벽 3시를 지나고 있었다.

　비가 내리던 어떤 날은 위채 처마 밑에서 떨어지는 빗줄기를 하염없이 바라보았다. 내가 누구며, 지금 왜 여기 있는지, 희미해진 존재감에 하염없이 눈물을 쏟았다. 언제쯤 이 유배와 같은 생활을 벗어날 수 있을까. 가슴 졸이는 나날이었다. 그렇다고 누가 나를 서운하게 하거나 속상하게 한 적은 없었다. 돌이켜보면 낯선 환경에 적응하지 못해 혼란을 겪던 시기였다.

　애완 동식물을 키우는 게 사람의 정서 안정에 도움을 준다고 한다. 강아지, 고양이뿐만 아니라 식물, 곤충, 새까지 자신의 취향대로 키운다. 작고 연약한 존재들이 조금씩 자라고 나름의 삶을 이어가며, 오물거리는 생명에 감탄한다. 살아있는 생명체에서 미처 알지 못했던 신비감을 조금씩 알게 되면서 생명의 소중함도 느낀다. 더불어 더 넓은 우주에 대해 경외감도 유추해 본다. 무엇보다 좋아하는 일에 빠지면서 그들에게 얻는 교감은 자신에게 즐거움과 행복을 주기도 한다. 나도 의도치 않게 달팽이와 함께 보내면서 자세히 관찰하게 되었고 더 관심을 가졌다.

달팽이도 예전의 나처럼 지금 혼란의 시기를 겪는 중일 것이다. 하루빨리 녀석을 풀어주고 싶은 마음에 집 앞 율하천에 놓아줄까도 했다. 하지만 엉뚱한 곳에 내려놓는 것보다는 녀석이 살던 곳에 데려다주고 싶었다. 낯선 곳은 또 다른 혼란을 가져다줄지 모른다. 나의 무신경함 때문인가. 그동안 몇 번 시골에 갈 기회가 있었으나 녀석과 동행할 기회는 없었다. 다가오는 주말에는 녀석을 꼭 시골에 데려가 상추밭에 풀어 놓으리라. 녀석을 탈출시켜 주어야겠다.

봄
spring

청포묵과 어머니

  누구나 추억의 음식 한두 가지쯤 가슴에 담고 살아가지 않을까.
  각양각색의 음식만큼이나 거기에 담긴 사연도 다양하다. 먹고사는 일이 힘들던 시절에는 음식이 주는 무게감이 훨씬 컸다. 돌이켜보니 나에게도 그리움 듬뿍 배인 음식이 하나 있다.
  서울에 사는 딸네 집에 갔다가 근처 시장에 들렀을 때다. 청포묵이 눈에 띄어 반가움에 나도 모르게 장바구니에 담았다. 부산이나 경남지방에는 도토리묵이나 메밀묵은 쉽게 보지만 청포묵은 만나기가 쉽지 않다. 그래서인지 반가워서 얼른 집어든 것이다.

청포묵과의 인연은 친정 오빠 결혼식에서다. 결혼식 마치고 하객들에게 식사를 대접하는데 요즘처럼 뷔페가 아니었다. 예식장 근처 식당에서 갈비탕과 술안주를 곁들인 음식을 손님에게 대접하던 시절이었다. 어머니는 식당보다 집으로 손님을 모셨다. 손맛 좋기로 소문이 난 어머니는 손님들에게 내놓을 음식 재료를 하나하나 직접 챙기셨다. 메뉴로는 곰탕과 수육, 잡채, 떡 외 탕평채를 준비하셨다.

그 시절에 탕평채는 무척 생소한 음식이었다. 탕평채의 주재료는 청포묵이다. 물에 불린 녹두를 맷돌이나 분쇄기에 곱게 갈아 가라앉힌 앙금으로 청포묵을 쑤는 것부터가 손이 많이 간다. 하얗고 탱글탱글한 청포묵에 밑간을 하고 잘게 간 소고기는 갖은양념으로 재어 놓았다가 볶는다. 붉은색 당근과 초록색 미나리를 데치고 계란은 황백지단을 얇게 부쳐 색감을 살리는 것이 포인트다. 간장과 참기름 깨소금을 비율에 맞춰 양념장을 만들어 놓고는 준비한 재료를 접시에 소복이 담는다. 마지막으로 구운 김을 얹고 양념장을 살짝 끼얹어 내어놓았다. 보는 것만으로도 식욕이 돋아 절로 손이 갔다. 부들부들한 청포묵과 아삭아삭 씹히는 야채와 달콤한 고기 맛은 인기 최고였다. 재료 하나하나 정성스레 담아내는 수고스러움에 주방 일거리는 늘어도 결혼식 축제 분위기를 더해주는 특별한 음식이었다.

스무 살에 결혼한 어머니는 스물한 살에 오빠를 낳았다. 오빠가 장가갈 때도 어머니는 젊고 고왔다. 사랑하던 맏아들의 결혼식이 있던 날, 그간 도움을 받은 주변 분들을 초대하여 정성 가득한 음식으로나마 성의를 표하고 싶었는지 모른다. 많고 많은 음식 중에서 탕평채가 유독 내 눈에 띄었고 추억의 음식으로 남아 있다. 결혼식 이후 점심부터 저녁 늦도록 우리 집은 손님들로 북적거렸고 모처럼 어머니의 웃음소리와 흥겨운 노랫소리를 들을 수 있었다.

탕평채는 조선 영조 대왕의 탕평책을 상징하는 궁중 요리다. 여러 당파가 잘 협력하자는 탕평책을 논하는 자리에 올라온 음식이라고 한다. 어머니가 그런 뜻을 알고 탕평채를 준비하진 않으셨을 것이다. 어느 잔칫상에 올라온 걸 보았거나 TV 요리 프로그램에서 보았을 거라 짐작한다. 평소에도 어머니는 귀동냥으로 들은 음식을 곧잘 하셨다.

현재 어머니는 아흔이 훌쩍 넘었다. 치매로 요양병원에 입원해 계시기에 동문서답으로 대화가 제대로 이루어지지 못한다. 진작 탕평채 요리 사연을 여쭈어보질 못한 게 아쉽다.

나에게 탕평채는 어머니의 젊은 시절과 전성시대를 떠오르게 하는 음식이다. 훤칠한 키에 이목구비 뚜렷하고 누구에게나 당당하면서 이해심이 많으신 여장부셨다. 누구든 집에 방문하면 따뜻한 밥 한 상을 먼저 차려내 주시던 정 많고 따스했던 어머니….

시장에서 사 온 청포묵으로 딸네 집에서 탕평채를 만들었다. 격식에 맞게 차려내진 못하고 나름대로 요리했다. 도톰하게 썬 청포묵에 당근과 피망과 버섯을 채 썰어 양념장을 끼얹었다. 저녁상에 온 가족이 식탁에 앉아 어머니 이야기를 들려주며 쾌유를 빌었다.

탕평채로 인해 젊은 시절의 어머니를 그리워하는 하루가 되었다.

봄
spring

람사르 총회와의 인연

　창원에서 람사르 총회가 2008년 10월 28일부터 11월 4일까지 개최되었다. 총회 기간 내 자원봉사자로 참여했다. 2007년 4월 자원봉사자 신청서를 낼 때만 해도 람사르 총회에 관해 정확히 알지 못했다. 위촉장을 받고 일 년 전부터 교육 프로그램에 빠짐없이 참석하고 자연환경의 보존과 복원의 중요성을 깨달았다. 우리나라 천수만, 금호강, 금강호, 삽교호 등 하류에 서식하는 철새며 비무장지대(DMZ)의 중요성에 대한 인식과 람사르 협약이 왜 필요한지도 알게 되었다.

　총회 개막식을 앞두고 자원봉사자 업무가 배치되었다. 나에게 맡겨진 일은 컨벤션 홀에서 근무하는 '본회의' 팀이었다. 본

회의 팀은 컨벤션 홀에 처음 오는 외국인을 자리에 안내하고, 회의 도중에 발생하는 여러 업무를 도와주는 일이었다. 회의 기간 내내 긴장을 풀 수가 없었다. 수백 명이 참여하는 원활한 회의 진행을 위해 필요한 것이 없는지 각국 대표자들의 발언을 주시해야 한다. 그들이 제출한 서류는 신속히 복사하여 사무국에 제출해야 했다. 더군다나 컨벤션 홀 안에는 카메라가 생중계로 모니터하기에 순간적으로 흐트러진 모습이 그대로 화면으로 나간다면, 생각만 해도 아찔했다.

컨벤션 홀에서 수백 명의 외국인들과 눈이 마주쳤다. 글로벌 시대 한가운데 서 있는 것 같았다. 도움을 요청하는 경우엔 먼저 "익스큐즈 미Excuse Me!! 하며 미소 짓는데 한번은 큰 가방을 끌던 흑인 한 사람이 다가오더니 다짜고짜 '우간다!' 하고 외쳤다. '우간다'에서 왔으니 자리를 안내해 달라는 말이었다. 우직한 몸짓과 투박한 말투지만 꼭 찾아달라는 표정은 예전에 학교 수업을 마치고 현관에 들어서며 "엄마! 밥!" 하고 외치던 아들이 생각났다. 그들을 지정된 좌석에 안내하면서 '우간다' 하고 외치던 순박한 표정에 웃음이 났다.

휴식 시간에 외국인들은 우리나라 과자를 맛있게 나눠 먹었다. 모델처럼 큰 키에 오뚝한 코만큼 오만한 눈빛의 영국 아가씨는 상당한 미인이었다. 금발의 스웨덴 여자, 프랑스 여인들은 여배우 같은 자태였다. 하지만 회의 중 발언할 적에 뿜어내는 눈빛은 잊을 수가 없었다. 아프리카에서 온 흑인 남녀 다섯 명은 나란히 앉아 노트북에 열심히 회의 내용을 기록하였다. 바탕화면에 아들로 보이는 한 흑인 소년이 공원에서 노는 모습이 담겨 있었다.

점심시간에 우연히 같은 테이블에 앉은 두 여인은 람사르 사무국 직원이었다. 30대 초반인 우리나라 여성과 또 한 명은 아랍계 미인으로 창원에는 처음 왔다며 호기심 가득한 목소리였다. 컨벤션 건물 투명 창으로 쏟아지는 맑은 가을 하늘에 감탄하기도 하고, 자신이 먹는 비빔밥은 어떤 밥이냐며 묻기도 했다. 옆에 앉은 자원봉사자들에 관해서 궁금한 듯 이것저것 묻는 것이었다. 계속 이야길 나누고 싶었지만 일어나야 할 시간이 되었다. 창원에 대해 아름다운 추억이 되길 바란다며 우리는 먼저 자리를 떴다.

잊을 수 없는 또 다른 한 분이 생각난다. 만날 때마다 개량 물빛 한복을 입고 등에는 백팩을 짊어지고 있었다. 회의장 맨 뒷자리에 앉아 열심히 메모하던 백인 할머니셨다. 한번은 우체국이 어디냐고 물어와 안내하면서 "한복이 잘 어울린다." 했더니 "고맙다."며 우리말로 대답하며 싱긋 웃었다.

회의장에는 각국의 정부 대표단과 함께 참석한 이들 중에 비영리단체(NGO)도 많았다. 그들은 환경과 습지에 대해 국내에서는 물론 다른 나라와도 교류하고 있었다. 회의장 옆 부스에는 우리나라 국공립 공원 관계자들과 여러 단체가 참여했다. 국립공원에 있는 자연생태계에 관한 자료와 안내문을 나누어 주었다.

WWF(세계자연기금) 재팬은 창원에서 람사르 총회가 열린다고 한국어로 번역한 일본 내 습지에 관한 카탈로그를 배포하였다. 참가국 사람들이 자국의 환경과 습지 보존을 서로 열정적으로 홍보하고 교류하는 모습이었다. 무엇보다 그렇게 활동하는 사람들이 젊은 사람보다 연세가 지긋한 분들이 많았다. 우리나라도 이제 고령화 사회로 들어섰다. 은퇴하고 할 일이 없다는 생각으로 지내는 사람들에게 자원봉사자의 성실하고 열심인 모습을 알려 주고 싶었다.

회의장에서 하루 6~10시간을 자리 비우지 않고 서 있는 것은 힘들었지만, 당사국 간의 회의가 무슨 내용과 어떤 방식으로 진행되는지, 창원 선언문이 통과되는 현장을 지켜볼 수 있었던 것은 큰 행운이었다. 많은 자원봉사자와 진행요원, 사무국 직원, CECO(창원컨벤션센터)와 관련된 장비, 시설, 경비, 청소 아줌마들까지 이른 시간 출퇴근하면서 서로를 격려했다. 무엇보다 앞으로 다가올 지구온난화에 대비하는 세계인의 한목소리를 들을 수 있었다.

폐막식과 동시에 흩어졌던 봉사자들이 '람사르 코리아'란 환경 단체로 결성되었다. 람사르와 관련된 신문 기사나 사진 그리고 습지에 관한 정보를 스크랩하고 환경스페셜 같은 프로그램에 관심을 가졌다. 덕분에 예전에는 생각지 못했던 자연과 환경에 관심을 가지게 되었고 우리나라 습지를 탐방하는 기회도 생겼다.

 가까운 곳에 거대한 자연환경인 우포늪, 주남저수지가 존재함에 감사한다. 그곳엔 다양한 생명체가 존재하고 눈에 보이지 않는 미세한 생물들이 습지를 유지해 준다. 이 모든 것을 경험하게 한 창원에서 열린 국제행사는 평생 잊을 수 없는 체험이었다.

봄
spring

고슴도치 부부의 혼밥 연습

　아침에 눈을 뜨니 달큼한 냄새가 풍겨 온다. 주방에서 흘러나온 빵 굽는 내음이 온 집안에 가득하다. 문득, 오래전 눈을 떴을 때 어머니가 부엌에서 도마에 톡! 톡! 톡! 칼질하던 소리에 이유 없이 기분 좋았던 때가 떠오른다. 가끔 일찍 눈을 뜬 남편이 냉동실에 넣어둔 생지를 오븐에 넣어 굽는다. 오늘은 '크루아상'이다. 우리 부부는 갓 구워낸 따끈한 빵과 과일 그리고 커피로 하루를 시작한다.

　얼마 전, 볼일이 있어 서울에 있는 어느 백화점에 갔을 때다. 도착한 시간이 점심시간이라 지하에 있는 푸드코트로 향했다. 식당 여기저기에서 서로 오라고 호객하고 있다. 그중 가장 손님이 많은 곳으로 간다. 주방을 가운데 두고 빙 둘러앉는 구조이다. 음식을 주문하면 조리대에서 바로 나오는 1인 1식 자리다. 주변을 의식하지 않고 혼자 먹어도 부담이 없다. 혼자 또는 둘이 와서 식사하기에 편한 자리이다. 여럿이면 오히려 불편할 것 같다. 요즘 혼자인 고객이 많아 무척 이상적이라는 생각이 든다. 내 오른편에 앉은 사십 대 후반으로 보이는 여인은 홀로 먹는 데만 집중하고 있다. 옆에 사람이 앉건 말건 시선도 두지 않고 나는 약간 투명 인간 취급을 받는 느낌이다. 왼편 자리도 손님이 일어서자마자 새 손님이 앉는다. 칠십 대 초반쯤의 부인이다. 반가운 마음에 살짝 눈인사를 건넸으나 눈길도 관심조차 안 준다. 손에 든 핸드백을 어디 둘지 몰라 두리번거리기에 테이블 밑에 가방걸이가 있다고 이야기했지만 못 들은 척한다. 나는 주문한 음식만 먹으며 양쪽 테이블에 보내던 시선을 거두기로 한다. 각박한 세상 인심을 직접 실감하니 마주 보며 이야기 나눌 이가 그립다.

　우리나라 4가구 중 1가구는 혼자라고 한다. 아이들이 성장해서 독립하니 남의 일에 무관심한 개인 생활이 늘어난다. 홀로 된 노인 가구가 많다. 수도권에는 다양한 직업군과 사회 구조 탓으로 홀로 사는 세대수가 늘어나는 것 같다. 젊은이들은 부모 곁을 떠나 홀로 지내는 걸 선호한다. 부모의 잔소리나 누구의 간섭도 필요치 않게 자유롭게 지내자는 개인주의적 사고도

홀로 있으면 남편이 없다는 아쉬움을 느끼기도 한다.
그럴 때쯤 집으로 오는 남편이 반갑다.
가끔은 적당한 거리의 혼밥이 필요치 않은가 생각이 든다.

한몫한다. 무엇보다 코로나 팬데믹 이후로 홀로 지내는 생활방식이 더 증가한 탓도 있다.

아침에 빵을 구워주는 남편, 이러면 남들은 행복한 잉꼬부부를 연상할지 모른다. 하지만 그것은 극히 드문 일이다. 사십 년을 함께 살면서 우리 부부는 두 마리의 고슴도치처럼 서로 찌르고 가자미눈을 할 때도 있었다. 그럴 때면 남편은 말없이 고향 밀양 집으로 간다. 일주일에 사나흘 정도 지내다 돌아온다. 서로 혼밥을 하는 시기다. 남편은 그곳에서 혼자 밭일하고 빨래하며 식사도 챙겨 먹는다. 꼭 마누라가 있어야 한다는 법칙 없이 잘도 지낸다.

나 또한 삼시 세끼에 연연하지 않고 내가 먹고 싶을 때 먹는 일상을 즐긴다. 홀로 있으면 남편이 없다는 아쉬움을 느끼기도 한다. 그럴 때쯤 집으로 오는 남편이 반갑다. 수확한 채소와 과일을 의기양양하게 들고 와서 풀어 놓으면 고생했다며 감사와 환호성을 보낸다. 집을 나설 때의 갈등은 흔적도 없이 사라진다. 가끔은 적당한 거리의 혼밥이 필요치 않은가 생각이 든다.

집안 모임이면 빠지지 않고 함께 참석하는 우리 부부에게 주변인들이 하는 말이 있다. "금슬이 좋아 보인다." "너희 부부는 싸움도 안 하지?" 한다. 슬쩍 남편과 얼굴을 맞보며 순한 양 같은 미소를 짓지만 혼밥 효과도 있지 않았나 하는 생각이 든다.

더 나이 들고 늙어지면 언젠가는 혼자 밥을 먹을 시기가 올 것이다. 백화점 푸드코트에서 그랬듯 입 꾹 닫고 묵묵히 음식에만 집중하게 되겠지. 심한 상실감과 깊은 우울감에 휩싸이게 될지도 모른다. 상대를 이해하려는 너그러움과 독립을 위한 마음가짐도 필요할 것 같다. '있을 때 잘해!' 이런 유행가 가사가 생각난다.

  잘 구워진 크루아상처럼, 우리의 말랑말랑해진 마음이 며칠이나 갈까. 두 마리의 고슴도치가 언제 가시를 세울지는 알 수 없다. 그럴 때마다 우리 부부는 혼밥 준비를 한다.

봄
spring

새벽 빗소리

　새벽녘 잠결에 빗소리를 들었다.
　두둑 투둑 투두둑…. 창문과 창틀을 두드린다. 투박하지만 경쾌한 소리다. 순간, 잠자고 있던 세포가 요동을 친다. 빗소리다! 얼마 만에 듣는 소리인가. 예고 없이 찾아온 벗처럼 마냥 반갑다. 지난여름 내내 뜨거운 찜통 열기 속에서 얼마나 갈망했던 소리인가. 오랜 기다림 끝에 소망이 이루어진 것이다. 더군다나 이렇게 방 안에서 빗소리를 들어보기도 참 오랜만이다. 콘크리트 건물 안은 방음이 잘되어 창문을 열지 않으면 들을 수 없던 소리다. 아파트 생활을 청산하고 주택으로 이사를 오니까 이렇게 빗방울의 두드림을 듣게 되는 것이다. 때마침 촤

르르… 빗물을 튕기고 지나가는 새벽 자동차 소리가 기분 좋은 화음으로 다가온다.

언제나 빗소리가 나는 좋다. 기분이 좋으면 좋은 대로 우울할 적엔 우울한 대로 그 분위기에 젖고 싶다. 영화 속 주인공이 비 내리는 거리에서 춤추며 노래하던 영상이 떠오른다. 사랑하는 이와 서로의 마음을 확인한 남자가 기쁨에 춤을 춘다. 쏟아지는 비에 아랑곳하지 않고 춤을 춘다. 경쾌한 스텝으로 물방울을 튕기며 행복하다고 온몸으로 말하는 남자의 모습이 영화의 하이라이트다. 한 손에 든 우산과 경쾌한 빗소리까지 절묘한 조화를 이룬다. 진 켈리 주연의 뮤지컬 영화 '사랑은 비를 타고'다. 기분이 좋을 때 빗소리를 들으면 빗속에서 멋지게 춤추던 그 영화가 생각난다.

언젠가 시골집 툇마루에 앉아 있을 때였다. 사방이 산으로 둘러싸인 마을 저 너머 능선에서부터 뿌연 안개비가 시작되었다. 안개비는 서서히 다가오더니 마당에 도착하자마자 큰 빗방울로 변하여 후두둑 떨어지기 시작했다. 순식간에 쏴아! 하고 수직을 그었다. 시야 저 끝의 품새 너른 산들은 어느새 거대한 깃을 벌리며 쏟아붓는 물줄기를 받아들이고 있었다. 회색빛 산야에 뿌리는 빗줄기를 담담하게 바라보고 있으니 그 시간만큼은 붙잡아 두고 싶었다. 마음이 차분해졌다. 평정심에서 한 옥타브 가라앉은 기분이었다. 생활 속에 쌓여 있던 불만이나 앙금이 스르륵 씻겨 내려가는 것 같았다. 샘 깊은 물이 고요하듯이 짙은 숲도 그러하였다. 숲은 스펀지처럼 물줄기를 소리 없이 받아들이고 있었다. 온 산야는 무한 포용이고 물줄기는 조용한 울림과 묵직한 내림으로 나의 넋을 빼앗아 버렸다. 갑자기 요란한 불협화음에 고개를 내려보았다. 마당 시멘트 바닥에 빗방울이 톡! 툭! 또독 또독…, 여기저기 튕겨 올랐다. 그 잔망스러움이 개구쟁이들 물장난 같아 빙그레 웃음을 짓게 하였다.

  난타 공연을 빗소리로 들은 적이 있다. 가을비가 내리던 날, 우연히 친구와 함께 성주사에 가게 되었다. 절 입구에 도착하니 비는 더 세차게 내리는 것이어서 우리는 차 안에 가만히 앉아 있기로 했다. 양철지붕처럼 얇은 승용차 위로 빗줄기는 세차게 퍼부어 댔다. 두 두 두둑! 두둑! 투두툭! 머리 위에서는 다양한 빗방울 악기들의 화음이 시작되었다. 눈을 지그시 감고 공연을 들었다. 소란스럽다가 조용하다가 이내 요란한 음폭과 진동으로 화음을 내는 이런 난타 공연을 어디서 들을 수 있을까! 세찬 빗줄기는 나뭇잎에 떨어지고 소복이 쌓인 낙엽 위로 빗방울이 총천연색으로 튕겼다. 그때 우리는 아무 말 없이 오랫동안 빗소리를 함께 들었다.

  새벽에 듣는 빗소리는 한 템포 쉬어가라며 모처럼 안식을 준다. 조금은 게으른 기지개를 켜 본다. 비는 곧 그치리라. 오늘 나는 기분 좋은 하루를 예감해 본다.

새벽에 듣는 빗소리는 한 템포 쉬어가라며 모처럼 안식을 준다.
비는 곧 그치리라.

봄
spring

종가의 교자상

혼수품으로 마련한 교자상이다.

34년 전, 남편과 결혼을 앞두고 보니 시댁이 종갓집이었다. 외동아들이라는 것도 후에 알게 되었다. 친정어머니는, 아버지가 오 형제 중 셋째이고 일찍이 분가해 살았기에 종손의 책임이 어떠한지도 모르고 나의 결혼을 허락하셨다. 외동딸을 시집보내면서 친정어머니는 혼수품으로 수제 교자상을 장만해 주셨다. 정방형 암흑색 교자상은 윤기가 자르르 흘렀다. 교자상을 받치는 받침대 테두리에 연꽃을 새겼는데 정교한 연꽃은 첫눈에도 품위가 있었다. 명절이나 제삿날이면 교자상이 제 역할을 해냈다. 교자상을 펴면 온갖 음식으로 넘쳐났다. 갓 지은 밥과 소고기 탕국, 조기와 민어, 전과 적, 삼색나물과 과일 등을 차례차례

올려놓으면 서가의 단정히 꽂힌 책처럼 바라볼수록 뿌듯했다.

　세월이 흘러 시부모님이 돌아가시자 교자상은 유품으로 돌아왔다. 시간이 흐르면서 틀은 그대로지만, 어느 틈엔가 칠이 벗겨지고 흠집이 군데군데 보였다. 접고 폈다 하던 상다리도 늙어가는 내 관절처럼 삐거덕 소리를 냈다. 어느 날, 딸네 집에 오신 친정어머니는 여기저기 작은 흠집이 생긴 교자상을 보시고는 치수를 재어 교자상에 입힐 옷을 만들어 주셨다. 핑크빛 체크무늬의 옷을 입은 교자상은 병풍과 함께 안방 장롱과 벽 사이에 두었다. 특별한 날, 그러니까 설날, 추석, 조부모 기일, 시부모 기일이면 꺼내어 사용했다.

　설날을 앞두고 큰 마트에 갔을 때다. 매장 앞에는 제수용 목기를 팔고 있었다. 남편이 교자상을 눈여겨보더니 집에 있는 게 낡았으니 이번 기회에 바꾸는 게 어떠냐고 했다. 그 말에 새로 장만하는 것도 괜찮을 것 같아 그러자고 했다. 집에 있는 교자상과 비슷한 크기를 살피는 나와 달리 남편은 큰 상을 골랐다. "아니, 왜 이리 큰 걸 골라요? 집에 있는 크기면 될 것 같은데…." 했더니 여태껏 상이 비좁아서 불편했다며 부득부득 고집을 부리면서 결재를 해버린다.

　집에 돌아오는 길은 왠지 서글픔이 차올랐다. 평생을 교자상에 정성껏 풍성히 차려냈는데 늙어가는 마누라는 안중에도 없고 더 큰 상에 더 많이 차려내야 한다니…. 낡아 버려질 헌 교자상이 꼭 내 신세처럼 느껴졌다. 더 완강하게 거부하지 못한 자신이 후회스러웠다.

 설날 아침, 이 집에서 오랫동안 함께했던 헌 교자상 대신 새 교자상이 자리했다. 상 위에는 듬성듬성 이빨 빠진 듯 공간이 보인다. 평소대로 음식을 준비했건만 상이 커서 비어 있는 공간이 보였다. 그렇다고 다음에는 꽉 채울 마음은 없다. 성의껏 차려낼 뿐이다.

 무심하게 대했던 낡은 교자상을 가만히 바라본다. 처음 나에게 올 때 반지르르하던 윤기는 온데간데없이 바랬다. 다행히 고유한 자태는 그대로다. 아직 새 교자상에 자리를 내어 줄 만큼 망가지지도 않았다. 어머니가 만들어 주신 핑크빛 체크 옷도 꼼꼼한 바느질로 해지거나 틀어진 곳이 없다. 처음 교자상 옷을 입을 때처럼 깨끗하다.

 이제는 지나온 시간보다 더 많은 시간을 종가의 교자상과 함께하리라. 명절과 제삿날만 꺼내 썼는데, 새 교자상이 생겨 그럴 필요가 없어졌다. 낡은 교자상을 거실에 펴두고 책 읽고 차도 마시는 용도로 써야겠다. 며칠 전에 도착한 시집과 수필집 몇 권이 놓여 있다. 쓰다 만 원고와 펜도 올려져 있다. 그러고도 여백이 남아서 찻주전자와 찻잔을 나란히 올려놓아도 좋았다. 오랜 세월 나와 함께 숱한 교감을 나누면서 함께 낡아온 고맙고 정겨운 벗이다. 이 모습 이대로 내 곁에 있어 주면 그걸로 족하다.

봄
spring

낙동강 천삼백 리

4대강 정비 사업으로 온 나라가 떠들썩하다. 정부에서는 경제 효과와 물 부족을 대비한 공사라고 밀어붙이고 환경단체들은 자연 훼손과 생태계 파괴라고 한다. 나는 양쪽의 팽팽한 주장에 전문적 지식이나 훼손의 정확한 근거를 모르는 문외한이다. 정비 사업이 완공된다면 자연 그대로인 낙동강의 모습은 볼 수 없을지 모른다. 옛 모습을 잃기 전 강 풍경을 보고자 떠난 여행이었다.

여행은 태백에서 출발하여 봉화를 거쳐 안동까지다. 산이 가로막고 도로가 끊긴 곳은 버스로 이동했지만 원시림 그대로인 강가를 걷는 행사였다. 가까이서 지켜본 물방울들은 서로 비비고 튕기며 어우러져 합창하는 것이었다. 모퉁이를 돌 때는 빠른 물살에 발걸음이 동동거렸지만 강의 숨결을 놓치지 않으려 했다. 묵묵히 따르며 그들 속에 나도 한 방울 물이 되어 흘러갔다.

낙동강 발원지는 태백 시가지 한가운데 있는 황지못이었다. 사전 인터넷 검색을 했을 때 전설 속 황부잣집 마당 못에서 하루 5,000톤의 물이 퐁퐁 솟아 나왔다 하니 신기하기만 했다. 알고 보니 태백시를 둘러싼 태백산, 함백산, 백병산, 매봉산 줄기를 타고 땅속에 스며들었던 지하수가 이곳에서 솟아올라 연못이 되었단다. 공원 한가운데 자리 잡은 표지석 〈洛東江 千三百里 예서부터 시작되다〉 부근에서 휴식을 즐기는 노인들이 한가로워 보였다.

곧이어 삼수령으로 향했다. 삼수령은 낙동강, 한강, 오십천 3대 강 발원지다. 삼수령에서 낙동강으로 흐르는 강물이 구문소로 향한다. 구문소는 고생대 퇴적암층인 기암괴석과 청룡 백룡 전설이 서린 곳이다. 그래서일까 굽이치는 물소리가 청·백룡의 한바탕 싸움인 양 굉음이 계곡을 진동하였다. 구문소 바위 터널을 지난 물길은 깊이를 알 수 없더니 이내 봉화 백천계곡으로 향했다.

백천계곡은 아름드리 큰 나무와 수정같이 맑은 계곡으로 무엇보다 냉수성어종인 열목어 분포 지역이었다. 열목어는 수온

이 20도 이하에서만 살기에 숲이 깊고 울창한 이곳이 최적지였다. 혹여 열목어를 볼 수 있는 기회가 있을까 싶어 유심히 물속을 들여다보았으나 실패로 끝나고 돌아섰다.

봉화군 현동리 소수력 발전소는 도로에서 한참을 내려갔다. 소수력이란 댐보다 작은 규모로 인근 지역 300~400세대에 1,500kw 이하의 전기를 공급하는 보(洑)였다. 보를 건너 임기교까지 걷기로 했건만 전날 내린 비로 보를 건널 수 없었다. 되돌아 도로 건너 강가 마을로 향했다.

강을 내려다보며 산기슭에 자리 잡은 화전민 마당 한편에는 장작더미가 집채만큼 쌓여 있었다. 멀리서 밭을 일구던 농부의 눈길이 이곳을 향하니 집주인인가 싶었다. 5월의 맑은 하늘과 길게 이어진 능선, 그 사이를 감고 유유히 흐르는 푸른 강, 한가로운 집 한두 채, 모든 풍경이 한 폭 여백의 공간이었다.

이튿날은 삼동치에서 일정이 시작되었다. 범바위 전설이 서린 삼동치 전망대에서 내려다본 낙동강은 1,300리 525km 중 가장 아름다운 풍광을 보여주는 곳이었다. 굽이굽이 펼쳐진 능선 사이로 한 마리 푸른 용이 계곡을 헤엄쳐 나가는 형상이었다. 이토록 아름다운 산야를 한눈에 내려다보니 발걸음이 서둘러 강으로 향했다.

해발 400m 이상 삼동리 마을 입구를 거쳐 강으로 내려오니 이곳에도 발전소(명호소수력)가 있었다. 깨끗하고 풍부한 물은

태백산 줄기를 타고 솟아난 맑고 순수한 물은 말 그대로 어머니의 정화수였다.
그 속에는 수많은 전설과 옛 선조들의 멋과 풍류가 있고,
너와집, 폐광촌, 화전민들의 사연과 문화가 서려 있다.

인간의 손이 미치지 않을 것 같았는데 어느새 사람들이 편리하게 사용하고 있는 것이었다. 하지만 강줄기를 가로막는 콘크리트 보들과 강줄기 따라 길게 이어진 시멘트 옹벽, 다리는 방금 저 위에서 바라보던 환상이 깨어졌다. 홍수를 대비한 구조물들이지만 좀 더 친환경적일 수는 없는지. 자연과 인간의 편리함은 공존이 어려운 것일까.

그러거나 말거나 도도히 흐르는 물결은 아침 햇살에 눈이 부셨다. 강줄기를 향하여 산들은 길게 도열하고 있었다. 여왕의 행차에 깍듯이 무릎 꿇고 엎드리듯이. 그리고 보니 폐광에서 흘러나오는 물이 바위를 붉게 산화시키기도 하였다. 좁은 협곡을 빠져나올 때는 거친 호흡을 내뱉으며 아우성도 쳤지만 여기서는 여유롭고 평화스런 행진이었다. 기슭의 크고 작은 돌멩이들은 간지럼으로 돌돌거리지만 강은 흐르면서 깊어졌다. 어제도 그랬듯 오늘도 내일도 제 갈 길을 갈 것이다.

매호 유원지에서 버스로 옮겨 타고 농암종택까지 이동했다. 농암종택에서 고산정, 전망대까지 이어지는 퇴계 예던길은 강을 끼고 하늘과 산과 바위와 숲이 어우러진 길이다. 도산 옛길 탐방전망대까지 오르고 내린 길들이 힘들고 피곤했지만 낙동강과 함께한 올레길이다.

단천교에서 이육사문학관을 지나 안동댐으로 향했다. 지치고 피곤함은 안동의 먹을거리로 충전하고 낙동강생태학습관으로 이동했다. 물이 풍부한 지역이라 마애습지, 솔숲, 단호습지 등등 차창 밖으로 스쳐 지났다. 학습관 전망대에서 안동휴게소와 중앙고속도로를 질주하는 차들이 보였다. 고속도로 구간 중 하나인 다리 밑은 푸른 수초가 우거진 검암습지였다. 이곳도 곧 준설공사가 시작된다니 다시는 볼 수 없을지 모른다.

  병산서원 앞 모래사장도, 부용대에서 바라본 하회마을도 보가 설치되면 물길이 어떻게 변할지 모른단다. 마지막 일정인 구담교 다리는 보 만들기 공사가 한창이었다. 인근에 경북도청 새 청사가 들어서면 유원지로 개발되고 산책로가 생기지만 최대 습지인 구담습지는 80% 물에 잠긴다. 낙동강 변의 황금빛 모래사장과 푸른 수초들은 다시 볼 수 없을지 모른다.

  안동댐에서 방류된 물은 낙동강 하구까지 1주일에 걸쳐 도착한다고 한다. 출생지 태백에서 출발한다면 험준한 산을 돌고 돌아 20여 일은 넘을 것 같다. 우리 국토의 한가운데인 태백산 줄기를 타고 솟아난 맑고 순수한 물은 말 그대로 어머니의 정화수였다. 그 속에는 수많은 전설과 옛 선조들의 멋과 풍류가 있고, 너와집, 폐광촌, 화전민들의 사연과 문화가 서려 있다. 그뿐인가. 강에 의지하며 살아가는 수많은 생명체를 어찌 다 헤아릴 수 있을까. 4대강 사업으로 강의 제방을 보강하고 홍수 예방 효과를 기대할 수 있지만 자연 생태계를 이해하고 존중하는 책임 의식이 있어야겠다.

그동안 낙동강을 수없이 보고 지나쳤고 귀에 익은 지명으로만 여겼는데 이번 여행으로 낙동강의 일대기를 보이지 않는 형상으로 그려보는 시간이었다.

내 앞에 놓은 한 잔의 물도 쉽게 마실 수가 없을 것 같다.

봄
spring

지혜의 숲에 들다

　무더위가 기승을 부리는 팔월 마지막 주, 종이의 고장 파주 출판단지를 찾았다. 도시는 차분하고 조용하였다. 성급히 물든 단풍잎 탓일까. 예고 없이 불어대는 왜바람 탓일까. 인적이 적은 거리는 적막감마저 돌았다. 독특한 건물들이 시선을 끌었다. 창문에 커다란 장식 인형들이 걸려 있는, 초록 식물로 뒤덮인 동화에서 본 듯한 이층 건물이었다. 언제 보아도 친숙한 피노키오 피규어는 흐뭇한 미소를 짓게 하였다. 어린 왕자 레고 인형과 아이들에게 익숙한 동화 속 캐릭터 인형들이 거리 곳곳에 세워져 있어 이곳이 출판도시임을 실감하였다.
　파주 '지혜의 숲'은 가치 있는 책을 한데 모아 보존하고 함께 보는 공동의 서재이다. 천장에서 바닥까지 벽면을 가득 채운 책들이 적절한 조명과 여백으로 답답함보다는 따뜻한 느낌을 주었다. '지혜의 숲' 1, 2관에 있는 책들은 각 분야의 전문가들과 출판사에서 기증한 책들이다. 3관은 박물관과 미술관에서 기증한 도서가 전시되어 있다.

'지혜의 숲'에 들어서자 불현듯 여학교 시절이 떠올랐다. 오랜 전통과 규율이 엄한 학교에 입학해서 우연히 교내 도서관에 갔을 때였다. 근엄하고 딱딱한 흑갈색 책장 사이로 수천 권의 책이 무겁게 꽂혀 있는 걸 보고 놀랐다. 그 순간 나는 다소 엉뚱한 결심을 했다. '내가 학교 졸업하기 전까지 이 도서관 책을 다 읽어야지.' 아직 철부지였던 내가 왜 그런 생각을 했는지 모르겠다. 그날 이후 점심시간이면 도시락을 바삐 먹고 도서관으로 뛰어 올라갔다. 그렇게 삼 년을 도서관에서 책을 읽으며 보냈다. 당시에 읽은 책 중 《삼국지》가 제일 기억에 남는다. 《삼국지》는 백과사전 두께의 상중하로 된 세 권짜리였다. 책이 워낙 크고 무거워 대출은 꿈도 꾸지 못했다. 일반 소설책은 하교 후 학교 정문 대여서점에서 매일 빌려 보았다. 결국 《삼국지》는 중권 중간쯤까지 읽다가 졸업했다. 그 후 열 권으로 된 《삼국지》는 보았어도 도서관에서 본 백과사전 규격의 《삼국지》는 보기가 힘들었다.

책 읽는 호텔 '지지향' 건물 앞에 도착했다. 낯선 초행길이지만 무사히 현관문을 찾아 들어섰다. 지지향은 지혜의 숲과 연결된 호텔로 종이의 향(紙之香)이라는 뜻이란다. 이곳에서 '동서문학캠프'가 열린다. 제17회 동서문학상 부대 프로그램으로 시, 수필, 소설, 아동문학을 하는 여성 작가들을 초청하여 1박 2일간 진행된다. 다양한 문화 행사를 접하기 힘든 지역에 살기에 큰 기대를 품고 참여했다.

지지향 1층에 북카페 '문발살롱'이 있었다. 통창으로 햇살이 모여들고 창밖 시야가 초록 숲이라 시원하였다. 창밖을 향해 다양한 모양을 한 응접실 소파가 곳곳에 놓여 있었다. 건물 기둥 부분을 책꽂이로 활용해서 손만 뻗으면 다양한 책을 볼 수 있도록 꾸며져 있어서 편리했다. 가장 편안해 보이는 의자에 앉아 창밖으로 시선을 두어 보았다. 이윽고 캠프 행사 중 하나인 '한 장 백일장' 시간이 되었다. 주어진 특정 주제로 글을 쓰며 마음을 다잡아 보았다. 저녁 행사 1부는 글을 주제로 분과별 멘토들과 대화를 나누는 시간이었다. '문발살롱'에는 작은 예술 무대가 있어 2부 순서로 하우스 콘서트가 열렸다. 그랜드 피아노와 재즈 연주에 흠뻑 빠지기도 하고 다 함께 와인과 맥주 다과를 즐기는 프로였다. 모처럼 일상에서 탈출하여 뿌듯하고 행복한 시간을 보냈다.

북카페 문발살롱과 지지향은 단순히 책만 읽는 공간이 아니었다. 문학과 문화를 즐길 수 있는 힐링의 공간이었다. 무엇보

어쩌면 알게 될지도
책을 들고 앉은 그곳이 바로 나만의 지혜의 숲이라는 것을.

다 수도권에서는 버스 직행 한 번으로도 출판도시 파주에 바로 도착할 수 있다니 부러웠다. 도심의 번잡함을 벗어나 가끔 조용히 보내고 싶은 이들한테 권하고 싶은 장소였다. 글을 쓰는 사람에게는 영감이 샘물처럼 솟아날 수 있는 곳이 될 것 같았다. 하룻밤 보낸 지지향에서의 단출하고 검소한 시간을 맛볼 수 있는 분위기도 좋았다.

내가 좋아하는 책을 향기롭고 어여쁘게 단장하여 아름드리한 다발 선물을 받은 기분이었다. 책을 읽다 지루하면 밖으로 나가 숲을 산책할 수 있고 피곤하면 잠시 의자에 파묻힐 수도 있다. 잔잔한 음악을 들으며 차나 커피, 와인 한 잔으로 입술을 적실 수 있으며 무한한 지식과 지혜의 공간에 오래 앉아만 있어도 좋을 듯하다.

현실은 거칠고 빠르게만 돌아가는데 노년에 접어든 늙은이의 엉뚱하고 한가로운 노닥거림이라 할지도 모른다. 그래도 한 번쯤 권해보고 싶다. 자신을 온전히 들여다보고 싶을 때는 무한한 지혜의 숲에서 잠시 쉬어가면 어떨까 하고. 그곳에서 마시는 차 한 잔의 여유쯤은 가져도 좋겠다고.

어쩌면 알게 될지도…, 책을 들고 앉은 그곳이 바로 나만의 지혜의 숲이라는 것을.

봄
spring

길 위에서

 에티오피아 수도 '아디스아바바'에서 북서쪽에 있는 도시 '곤다르'에 갔다. 곤다르는 1,500여 년 전 성터와 성곽이 남아 있는 옛 수도로 우리나라로 치면 '경주'와 같은 도시다. 에티오피아에서는 꼭 가 볼 만한 여행지였지만 가는 길이 승합차로 열세 시간이나 걸렸다. 일정상 이틀 만에 다녀와야 했기에 이른 새벽에 출발했다.
 도로는 쭉 뻗은 평지였다가 구불구불하기도 했다. 종일 다녀도 통행 차량이 적었고 세단이나 버스는 거의 보이지 않았다. 다만 꼬리를 단 대형 화물차들만이 가끔 오갈 뿐이었다. 우리나라와는 달리 도로변 전신주나 공장은 찾아볼 수 없었다. 그 덕분인지 차창 밖 풍경은 한 폭의 그림인 양 파노라마로 펼쳐졌다. 일차선 양옆으로 지평선과 높고 낮은 구릉들이 시야를 맑게 하였다. 모퉁이를 돌 때마다 푸른 초원에는 한 무리의 소떼들, 순한 눈빛의 양 떼가 한가롭다. 몸집 작은 당나귀들을 쳐다보니 뛰어가 안아주고 싶은 마음이 솟구치기도 했다. 둥근 움막집과 얼레 무늬 모양의 나무 사이로 집 두어 채가 보였다. 막대기 하나 들고 뛰어다니는 까맣고 빛나는 피부의 소년들과 가족들은 전원 속의 평화로운 풍경이다. 달리는 동안 차창 풍경이 바뀌고 바뀌어도 또 다른 정겨운 그림들이 슬라이드 영상처럼 이어졌다.

어릴 적, 부모님을 따라 시골 큰댁에 갔을 때였다. 기차로 출발해서 버스로 바꿔 타고 내린 곳은 한적한 시골길 끝이었다. 현재는 시골길이 왕복 4차선으로 시원하게 뚫렸으며 시외버스가 다니는 큰 도로로 확장되었다. 당시에 길은 신작로라 불렀으며 도로변에는 컴컴한 구멍가게가 있었고 그곳에는 아이들로 북적거렸다. 길을 경계로 아랫마을은 할머니가 계신 큰집이 있었고, 길 건너 윗마을에는 작은집이 있었다. 버스가 도착하면 아래위 마을 사람들이 다 모여들었고 하차하는 사람보다 지켜보는 사람이 더 많았었던 기억이 난다. 그들 중 마중 나온 사촌들이 아버지와 우리 가족을 보며 "작은아버지! 오시니이꺼!" 하며 반기던 모습이 아직도 잊히지 않는다.

그 신작로처럼 곤다르 가는 길 중간중간에는 여러 작은 마을이 있었다. 차가 나타나면 수십 명의 사람이 동경의 눈길로 쳐다보았다. 잠깐 스쳐 가는 낯선 이방인에게 보내는 눈빛에서 그들에겐 쉽게 여행하고 이동할 수 있는 환경이 아님을 알았다. 교통편도 불편하겠지만 우리나라에서 흔히 탈 수 있는 버스가 드물어서 현지인에게 버스는 고급형 교통수단이었다. 요금도 일반 차량보다 2~3배가 비싸기에 쉽게 탈 수가 없었다. 현지인이 타는 교통수단은 중고 승합차인데 우리가 탄 차가 혹시외버스인 줄 알고 태워달라고 손을 흔들기도 했다.

옷가게에는 여러 벌의 원색 원피스가 바람에 팔랑이며 눈길을 끌었다. 그러고 보니 초콜릿 피부인 그들은 노랑 빨강 파랑 등 원색이 잘 어울렸다. 규모가 제법 큰 재래시장이 있는 마을의 골목에는 사람들로 혼잡스러웠다. 길가 리어카에는 망고, 아보카도, 바나나가 잔뜩 쌓여 있어 아프리카임을 실감하였다. 어딜 가나 여인네들의 삶은 고달픈가 보다. 물 긷고 나무해 가는 사람은 여자들이었다. 아기를 업은 가냘픈 여인이 짐을 무겁게 이고 들고 걸어갔다. 마음 같아서는 그들 집까지 태워다 주고 싶게 애달픈 모습이었다. 반대로 남자들은 가는 곳마다 빈둥거리고 있었다. 나무 그늘에 앉아 있거나 어두컴컴한 찻집에는 젊은 남자들이 다리를 쭉 뻗치고 있었다. 생활 풍습이 다른 여행자의 관점에서 볼 때는, 넓은 초원을 가꾸며 논밭 경작은 충분히 할 수 있을 것 같은데 그런 모습은 보이질 않는 것이었다. 목적지까지 빨리 가야 하는 우리의 마음은 아랑곳없이 신작로를 점령한 소 떼, 양 떼가 느긋하게 지나갈 때까지 차가 잠시 정차했다. 짐승을 몰고 가는 사람 대부분이 어린 소년들이었다.

  어느 마을을 지나자마자 급한 내리막길이었다. 방금까지만 해도 일직선 도로를 편안하게 달리고 있었는데 갑자기 접어든 길은 좁고 험했다. 옆은 천 길 낭떠러지인지라 아찔했다. 마치 대관령 고갯길을 굽이굽이 내려가는 듯 끝이 없고 천상에서 하계로 내려가는 것 같았다. 길 아래 계곡에는 짙은 안개가 자욱하고 바라본 협곡은 그랜드캐니언처럼 황갈색, 회색, 보랏빛 등의 불그레한 지층으로 이어져 있었다. 다양한 풍경을 보여주는 자연의 웅장하고 장엄한 풍경에 입이 다물어지지 않았다. 협곡의 험한 산길에 야생 원숭이 무리가 차 앞을 가로막으며 여기저기서 활개를 쳤다. 지나가는 차량에서 사람들이 던져주는 먹이를 기다린다니 안 줄 수가 없는 귀여운 방해꾼이다. 돌산에는 산양들도 일찍 출동하여 먹이를 찾아 헤매고 있는 게 보였다. 평지에서 갑자기 계곡으로 내닫는 에티오피아가 해발 2,600미터 이상의 도시임을 협곡을 오르내리면서 실감했다.

  에티오피아의 모든 도로는 수도 아디스아바바를 거쳐야 했다. 곤다르에서 동부 쪽에 있는 도시 '하라르'에 가려면 바로 갈 수 없고 다시 아디스아바바로 돌아와야 했다. 덕분에 여러 도시와 마을을 차량으로 이동하였다. 도로는 특별한 시설이나 공공장소가 보이질 않아서인지 어릴 적 내 기억 속의 신작로처럼 보였다. 신작로는 마을 사람들의 광장이자 소통이 되는 장소라 여겨졌다. 신작로를 통해 아래위 마을 소식을 듣고 세상 이야기를 나누듯 그들의 삶과 일상도 그려진다.

  길을 통해 바라본 풍경은 단순하고 자연에 순응하며 사는 모습들이었다. 푸른 초원을 누비는 소년들이나 협곡에서 양 떼를 지키는 소년의 눈빛은 잊을 수가 없다. 어디서나 다양한 장소에서 활동적으로 움직이는 어린 소년들에게서 우리는 아프리카의 미래를 보는 듯하였다. 초롱초롱 빛나는 소년들의 눈빛은 다양한 세상을 그리워하며 아득한 길 저 너머를 바라볼 것이다.

봄
spring

매화마름에 반하다

환경재단인 람사르 코리아 일원으로 강화도 '매화마름 군락지'와 시화호 '갈대습지' 탐방을 다녀왔다.

재단과 함께하는 여행길은 습지 가이드와 생태 전문가들이 함께하여 자연의 다양한 습성들을 체험할 수 있는 아주 좋은 기회였다. 갯벌에 서식하는 철새들과 수생 생물들을 보면서 그 속에도 다양한 삶이 있다는 것을 알게 되었다. 우리의 아름다운 국토와 그 지역 풍경도 가슴에 담아 올 수 있었다.

도청에서 출발한 버스가 시내 한가운데를 지날 때였다. 하늘 멀리서 수십 마리의 새들이 줄지어 날아가고 있었다. 그 뒤를 이어 뒤처진 서너 마리가 하늘을 나란히 유영하며 빌딩 사이로 사라졌다. 거리가 멀어 어떤 새인지 알 수가 없지만 새벽부터 하늘을 가로지르는 부지런한 본능은 먹이를 찾기 위함일까. 아니면 아침 운동이라도 나선 걸까. 혹여 멀리 떠나는 우리의 여행길을 배웅 나온 건 아닌지.

시원하게 뚫린 고속도로를 달렸다. 버스는 내륙을 가로질러 목적지로 향했다. 다섯 시간에 걸쳐 인천 강화도로 접어들었다. 6월 초에 모내기를 시작하는 남쪽 지방과는 달리 늦은 모심기가 한창이었다. 농촌이라기보다 전원주택지처럼 아담한 가옥들이 펼쳐지고 논밭은 비옥하고 풍요로워 보였다.

우리가 도착한 곳은 길상면 초지리 국도변으로 모심기를 위해 물을 대어 놓은 논이었다. 물이 찰랑대는 논을 본다. 수면에서 나는 언뜻 잡초 같은 것들이 둥둥 떠 있는 것 같아 가까이 다가가 본다. 떠 있는 것은 꽃이었다. 희고 작은 꽃들이 소금을 뿌려놓은 듯 뿌려져 있다. 1센티도 채 안 되는 그 하얀 꽃이 '매화마름'이란다. 바로 이곳이 '강화 매화마름 군락지'였다. 2008년 10월에 람사르 협약에 의해 국제보호습지로 등록된 최초의 논 습지이다.

도시에서 자란 나는 어릴 적 농촌에 대한 향수가 없다. 그러기에 예전엔 논밭에서 자라는 어린 채소나 식물 이름을 정확히 몰랐다. 흔히 보는 풀도 식물도감을 통해 새롭게 배우고 있다. 그런 내게 모내기철 잠깐 나타났다 사라진다는 '매화마름'은 처음 보는 꽃이었다. '매화마름'은 수생식물이며 첫 느낌은 나약하고 여리어 보호본능을 일으키는 꽃이다. 민감하고 예민하여 농약 성분으로 인해 멸종위기를 맞게 된 야생화였다. 자연문화유산 시민운동*을 하는 분이 우연히 이곳에서 발견하여 이 일대를 군락지로 보존하게 된 것이다. 영원히 우리에게서 사라질 뻔한 '매화마름'은 자연을 사랑하는 사람들에 의해 이곳에서 앞으로 마음 놓고 자생할 것이다.

'매화마름' 자생지 주변이 무공해 지역이라서인지 저어새의 활동하는 공간이고 번식처이기도 하단다. 우리 40여 명의 탐방객들이 매화마름 군락지를 세세히 둘러보고 있어서인지 저어새가 경계하여 가까이 오지 않았다. 저어새는 천적인 뱀들의 습격을 피해서 논두렁 가까이를 번식처로 새끼를 친다고 한다. 그들에게는 사람이 가장 두려운 존재이면서 또한 사람 부근이 안심된다니 적과 동침을 하고 있는지 모르겠다.

새들의 삶터인 강화갯벌로 자리를 옮긴다. 금방이라도 비가 쏟아질 것 같은 잿빛 하늘 아래 광활한 갯벌이 펼쳐져 있었다. 이곳은 서해안 중에서도 조석 간만의 차가 7.3m로 해양과 육지가 만나는 점이지대**다. 갯벌이기에 육지생물보다 해양생물이 우세한 지역이란다. 갯벌에는 갑각류와 조개류, 갯지렁이류가 다량으로 서식한다. 생물들의 보호를 위해 사람의 출입은 금지되고 탐방로만 둘러볼 수 있었다.

다음 날은 이른 아침부터 비가 쏟아졌다. 강화도 숙소에서 경기도 안산으로 향했다. 수도권 교통은 출퇴근 시간이 아닌데도 차들이 막혔다. 서울 외곽도로를 벗어나 안산시에 들어서니 잘 정비된 도로가 창원시를 연상케 하였다. '시화호'에 대한 기억은 뉴스에서 시청했던 '죽음의 호수'로 남아 있다. 주민들과 농민들, 환경단체들의 농성과 원성을 화면에서 보았다. 그 시화호가 어떤 모습이 되었는지 궁금했다.

시화호 환경생태관에는 '시련 아픔을 딛고 미래를 품다'라는 주제로 전시회가 열리고 있었다. '87년 공사 시작'부터 '97년 물막이 공사 완료' '수질오염발생' '시화호를 살리자' 그리고 현재 '인공습지'를 조성하기까지를 한눈으로 보게끔 사진 전시를 해놓았다. 그동안 수질 개선과 인공 갈대습지로 만들기까지 엄청난 노력을 기울였음을 보여주었다.

일행들이 우의를 입고 직접 시화호 갈대습지 탐방에 나섰다. 호수 위 갈대밭 데크로드를 지나니 물속에 산소를 공급한다는 수면폭기장치가 눈에 띈다. 물속의 미생물까지 배려하여 환경을 되살리고자 하는 마음이 엿보였다. 친환경 목재로 지어진 조류관찰대에서 어도Fish way를 어슬렁거리는 왜가리와 백로들을 보았다. 시화호는 이제 인공습지지만 새들이 날아오고 야생동물들이 찾아오는 미래를 꿈꾸게 될 것 같다. 사람들이 파괴해 놓고 다시 복원하는 일이, 반복됨 없이 먼 미래까지 바라보는 안목을 바라본다.

　돌아오는 길은 촉촉한 봄비가 내렸다. 버스 안에 때마침 영화 '워낭소리'가 DVD로 방영 중이었다. 평생 주인을 모시고 살던 늙은 토박이 소를 젊은 소가 자꾸만 구박한다. 꾸짖기라도 한번 해보련만 아무 말 없이 순응한다. 주인공 두 내외도 그 마음을 헤아리고 늙은 소가 죽은 후 땅에 묻어주며 영화는 끝을 맺는다.

　문득, 어제 만난 소박하고 작고 예쁜 꽃 '매화마름'이 생각난다. 주변의 소중한 것은 우리가 미처 헤아리지 못하는 환경으로 인하여 조용히 사라지고 있는 것은 아닐까. 어느새 나는 매화마름에 반하였다.

　창밖엔 봄비가 하염없이 내리고 있었다. 창가에 스민 비를 보며 1박 2일 습지 여행의 여운을 가슴에 오래 간직하여 잊지 않기를 다짐해 본다.

＊자연신탁국민운동, 내셔널트러스트운동 한국내셔널트러스트(The NatIonal Trust of Korea)으로 시민들의 자발적인 모금이나 기부, 증여를 통해 보존 가치가 있는 자연 및 문화유산을 확보한 후 시민 주도하에 영구히 보전하고 관리하는 새로운 시민운동.

＊＊서로 다른 지리적 특성을 가진 두 지역 사이에 위치하여 중간적인 현상을 나타내는 지대.

봄
spring

임대가 뭐예요

 코로나19로 유치원에 등원하지 못한 외손녀가 우리 집에서 지내던 때다. 손녀와 율하유적공원을 산책하던 중이었다. 손녀가 불쑥 "할머니! 임대가 뭐예요?"하고 물었다. 한글을 배우는 시기라 단어에 흥미를 갖고 읽기 시작하더니 동네 여기저기 빈 점포에 붙어 있는 글을 읽고 묻는 말이다. "저 '가게가 비었으니 가게를 사용할 사람은 들어오세요.'라는 뜻이란다." "그래요? 음…. 우리 동네에는 임대가 없는데 할머니 동네는 임대가 참 많네요."라는 깜찍한 답변에 살짝 당황했다.
 그러고 보니 1층 상가에 빈 점포들이 최근에 많이 늘어나고 있다. 1, 2년 전부터 불황이더니 올해는 코로나19로 경기가 더 나빠져 개업한 지 얼마 되지도 않은 점포도 빈 가게가 되어 있다.

창원에서 28년을 살다가 이 동네에 이사 올 때만 해도 건축 붐이 한창이었다. 자고 나면 빈터에 새집들이 들어섰다. 골목 여기저기 다양한 프랜차이즈 커피점과 맛집도 생겼다. 율하천 주변으로 활기찬 젊은이들이 몰려들어 주말이면 여러 단체에서 주최하는 공연과 야외 음악회도 열렸다.

우리가 이사 온 지 며칠 되지 않았을 때 개업한 마트가 있었다. 집 주변에 편의점은 많지만 대형마트나 오일장은 차를 타고 가야 했기에 개업한 마트가 무척 반가웠다. 이름난 큰 마트는 아니지만 상품이 다양하고 생필품을 구매하기 편리한 곳이었다. 더구나 집에서 걸어 15분 정도이니 운동 삼아 장 보기도 좋았다.

마트의 수산 코너 생선은 늘 싱싱했다. 구수한 입담의 담당자는 새벽에 통영에서 전복, 돌문어, 대게, 대하, 장어 등 생선을 가져왔다며 홍보한다. 싱싱하고 살아있는 해산물을 가져와 손님을 불러 모으니 늘 북적거렸다. 그러면서도 손님이 싸게 달라고 흥정하면 가격을 슬쩍 내려주기도 하고 아니면 다른 생선을 끼워 주기도 했다. 다른 마트에서는 볼 수 없는 판매 전략에 마트에 가게 되면 수산 코너는 꼭 둘러보곤 했다. 그러던 중 마트와 관련된 진위가 불분명한 소문이 들리기 시작했다. 소문이 다 그렇듯이 직접 확인한 것도 아닌지라 반신반의하면서 그때부터 마트 가기를 주저했다. 서너 번 갈 것을 한 번 정도로 줄이게 된 어느 날이었다.

그날도 마트에서 간단한 장을 보고 50미터 정도 걸어 나왔을 때였다. 땅바닥에 흰 봉투가 떨어져 있었다. 무엇인가 주웠더니 월급 명세서가 들어 있었다. 요즘은 급료가 전부 통장으로 입금되는데 누군가 명세서만 가방에 넣었다가 실수로 떨어뜨린 모양이었다. 마트에서 근무하는 여직원인 듯했다. 이름 가운데 자는 *로 처리되었고 기본금 ○○수당 ○○수당 등 합산으로 한 달간 근무한 금액이 적혀 있었다. 마트에서 종일 손님들이 오기를 기다리며 서서 받은 급료가 아닌가. 가정을 돌보며 직장 생활에서 흘린 땀과 시간의 흔적이 고스란히 담긴 명세서였다. 그 수고에 대한 대가는 내가 생각한 만큼의 금액은 아니었다. 되돌아가서 명세서 주인을 찾아 주려다가 혹여 자존심을 상하게 하지는 않을는지. 꼭 필요한 봉투인지 갈등하다가 없었던 일로 묻어두기로 했다. 하지만 명세서의 주인공은 누구일까 궁금했다. 방금 물건을 계산해 준 분일지도 모르고, 밑반찬 맛나게 포장해 담아낸 분일지도 모르고, 소고기 돼지고기 부위별로 포장한 식육 담당일지도 모르겠다.

수산 코너의 해물이나 생선이 아무리 싱싱하고 펄펄 살아있어도 손님은 차츰 뜸하였다. 다양한 상품을 묶어 싸게 판다는 문자를 수시로 받았다. 그럼에도 명절이나 주말 저녁에도 다른 마트에 비해 한산한 편이었다. 알고 보니 이 마트는 일본계 마트였다. 일본 자본 마트라는 걸 알고서는 사람들이 발길을 돌렸던 것이다. 그러다 지난해 일본 제품 불매 운동이 전국적으로 퍼져 나가고 얼마 지나지 않아 마트가 폐업한다는 소문이 돌았다. 소문을 들은 지 얼마 후 마트에 가게 되었다. 마트 안 분위기는 가라앉았다. 입구에서 언제나 생글생글한 얼굴로 맞이하던 청과 담당자의 미소는 사라졌다. 수산 코너 담당자도 언제부터인지 보이질 않았다. 생필품만 사고 나오는데도 옆 계산대의 직원은 넋을 놓고 앉아 있었다. 저들 속에는 월급 명세서의 주인공도 있을 텐데….

폐업된 지 수개월이 지났다. 마트에서 근무하던 그들은 뿔뿔이 흩어져 지금쯤은 각자의 자리에서 터전을 잡았을까. 그곳에서 근무하던 우리 이웃들을 생각하면 아직도 마음이 안쓰럽다. 부지런하게 최선을 다하던 그들이 어딘가에서든 가족의 행복을 위해 열심히 활동하기를 빌어 본다. 손녀의 이야기처럼 임대가 많은 동네지만 호경기 불경기란 돌고 도는 주기가 있다고 전문가들이 이야기하니 이 어려움은 꼭 극복하리라 믿어 본다.

별다른 일이 없는 오후가 되면 나는 율하천을 한 바퀴 돌고 오는 길에 동네 여기저기를 둘러본다. 이 가게는 손님이 얼마나 있는지 저 가게는 성업 중인지 실없는 추측도 해보면서….

폐업이나 임대는 줄어들고 언제쯤 개업이 많아지려는지, 하루빨리 코로나19가 물러나 동네뿐만 아니라 전국적으로도 경기가 회복되기를 바란다. 상권이 번성하고 상인들의 활기찬 모습이 가득하면 좋겠다.

율하천 변의 가로수인 벚나무는 울긋불긋 단풍으로 눈길을 당기고 은행나무 노란빛 풍경은 아름답다. 불그레 물들어가는 굴암산이 만추의 계절임을 알려준다.

봄
spring

전복죽 한 그릇

추석을 앞두고 요양병원에 계신 어머니 면회가 허용되었다. 어머니를 만나는데 코로나19 백신 접종을 2차까지 마치는 것이 필수였다. 마스크를 하고 일회용 장갑을 껴야 했으며 겨우 10분이 허락되었다. 어머니는 휠체어를 타고 면회실에 들어섰다. 그동안 염색을 하지 않아 백발이 낯설다. 호리호리한 체형에 늘 당당한 모습은 사라지고 눈의 초점도 흐렸다. 마스크를 하고 장갑을 낀 채 손을 맞잡았으나 아무런 말을 할 수가 없었다.

어머니가 입원하시기 전 일이다. 친정에 갔는데 어머니가 안방 문갑에 있던 물건들을 끄집어내고 계셨다. 하루에도 몇 번

씩은 장롱 안과 문갑을 정리하던 어머니는 갑자기 내게 장롱 문을 열라고 하셨다. 열어드렸더니 "네 마음에 드는 옷이 있으면 챙겨 가라."고 하셨다. 옷장 안은 어머니께서 매일 정리해 선지 백화점 매장처럼 깔끔했다. 사계절 옷들이 유행이 지나긴 해도 바로 입고 외출할 정도로 깨끗했다. 옷장 속의 다양한 디자인의 옷들을 보자 문득, 여든일곱 해 어머니의 삶이 곱게 쟁여져 있는 듯하였다.

1934년생인 어머니는 옛사람치고는 167센티란 큰 키였다. 처녀 적에는 큰 키가 스트레스였단다. 어딜 가나 눈에 띄어 그게 싫었다고 하시며 성장기의 내게 "제발 우리 딸은 나처럼 키가 크면 안 될 텐데…."라고 하셨다.

어머니 젊었을 때는 멋쟁이셨다. 외출할 때 화장을 하고 예쁘게 치장하고 나서면 동네 사람들이 눈을 휘둥그레 뜨고 쳐다보았다. 어머니는 "밥 한 끼 굶는 것은 남들이 모르지만 옷을 추레하게 입으면 얕잡아 본다."고도 자주 말씀하셨다.

기억나는 사진이 있다. 어머니 친목 모임에서 제주도로 놀러 갔을 때 일이다. 당시 제주공항은 지금처럼 현대식 건물이 아니었다. 일행 중 멋쟁이 네 명이 공항 문을 나서는 순간, 공항에 주둔하는 사진사가 허락도 없이 사진을 찍었다고 한다. 나중에 가져온 사진 속 어머니와 친구분의 모습은 지금 보아도 영화배우 같았다. 어머니는 친구분들 사이에서 '변호사'라는 별

명도 얻었고 무슨 일을 하든 손끝이 매섭고 야무졌기에 '팔방미인'이라는 소리도 참 많이 들으셨다.

그렇다고 어머니가 사치만 하고 살림을 돌보지 않았을 거란 생각은 큰 오산이다. 끊임없이 자신을 가꾸면서 주변이나 시가와 큰집도 정성껏 챙기셨다. 자존심이 강하고 맡은 일은 끝까지 추진했으며 어디서나 조리 있고 당당하게 자신의 의견을 피력하셨다.

어머니 삶의 변환점이 생긴 것은 아버지가 돌아가시면서부터였다. 아버지는 어머니와 반대 성격이었다. 두 분이 매사에 부딪다 보니 어머니의 결혼생활은 행복하지 못했다. 아버지가 지병으로 사십 대에 돌아가신 후에 어머니는 생계를 위해 상권이 좋은 부산 남천동 외가에서 장사를 시작하셨다. 새벽 5시에 일어나 큰 시장에서 봐 온 재료를 다듬고 준비하시며 억척스럽게 일하셨다. 쉬는 날도 없이 자정이 넘도록 정리 정돈하는 날이 예사였다. 열심히 노력하고 최선을 다하는 걸 알았는지 손님이 줄을 섰다. 그 시기가 어머니에게는 황금기였을지 모른다. 당시에 오빠는 군대에서 장기 근무 중이고 남동생도 다른 지역에서 대학을 다녔으며, 나 또한 직장인으로 어머니의 걱정을 덜었다.

장사가 안정기에 들어서자 어머니는 시간을 쪼개어 구청에서 주관하는 문화센터에서 붓글씨도 배우고 취미 활동을 하셨다. 그러다가 한글 공부도 시작한 것을 늦게 알았다. 어머니는 일제강점기에 초등학교를 잠깐 다니셨다. 집안의 어른인 외증조모께서 '가시나가 뭔 공부고!' 하고 매일 혼쭐을 냈다. 해방이 되고 어수선해서 학교에 더는 다니지 못했다고 한다. 나는 어머니가 한글을 띄엄띄엄 읽을 줄은 알아도 쓰는 건 힘들어한다는 걸 까맣게 모르고 있었다. 어머니는 늦게나마 배움을 갈망하며 YMCA에서 주관하는 한글 프로그램에 다니셨다. 당신의 자존심인지 자식들에게도 알리지 않았다. 요양병원으로 가시기 전까지 중학교 과정을 배우다가 정신이 혼미해져 혼자 학교를 찾지 못해 되돌아오곤 하셨다.

정말이지 어머니는 알뜰히 자수성가하셨다. 집 마련도 하셨고 본인의 소원이신 열두 자 자개농도 장만하셨다. 젊은 시절에 아버지와 양복 제작을 해왔기에 옷감의 재질을 구분할 줄도 알아 자신의 취향과 체형에 맞게 옷을 맞춰 입으셨다. 해외여행이 뜸하던 시절에 친구분과 호주, 중국, 유럽 여행도 다녀오셨다. 동네 상가의 회장을 맡으면서 남자들도 하지 못했던 일을 추진하시기도 했다.

그렇게 열심히 활동하던 어머니에게 청천벽력 같은 일이 벌어졌다. 어머니 성격을 쏙 빼닮고 애교 많던 막내를 사고로 잃은 것이다. 또한 십여 년 후에 생긴 오빠의 갑작스러운 비보는 결국 어머니의 양 날개를 꺾고 말았다.

형언할 수 없는 비보인 오빠의 장례식 다음 날이었다. 집안 분위기는 깊은 늪처럼 가라앉고 식구들은 지쳐 적막감이 흘렀다. 그때 어머니는 홀연히 일어나 시장에 가서 싱싱한 전복을 사 오셨다. "떠난 사람은 떠났더라도 산 사람은 살아야지." 하시며 전복죽 한 솥을 손수 끓여 모두의 힘을 돋우었다. 실의에 빠졌던 가족들은 어머니가 끓여주신 그 전복죽 한 그릇으로 다시 힘을 낼 수 있었다.

크나큰 아픔을 간직했지만 별다른 내색도 없이 굳건하셨기에 다시 한번 더 어머니가 대단하신 분이라고 생각했다. 간간이 아들 생각에 한밤중 잠들지 못하고 바깥으로 뛰쳐나가서 집 앞과 동네를 헤매고 다닌다는 말에 위로만 드렸을 뿐이다. 그때는 왜 몰랐을까. 어머니의 속이 문드러지고 갈기갈기 찢긴 것을…. 자식을 먼저 보낸 아픔과 스트레스를 나는 어찌 위로해 드려야 할지 몰랐다. 자식은 가슴에 묻는다고 하지 않던가.

어머니는 평소에 유언처럼 말씀하셨다.

"내가 애가 많아 자식 둘을 앞세우고도 명이 긴가 보다. 세상에 태어나 내가 해보고 싶은 것도 해봤고 세계 여행도 다녀봤다. 오늘 죽어도 여한이 없다. 엄마가 죽고 나면 많이 슬퍼하지도 말고 화장해다오. 찹쌀 한 되 쪄서 유골에 묻혀 산에 뿌려다오."

이삼 년 전부터 치매 초기 증상을 보이던 어머니를 주말이면 우리 집으로 모시고 왔다. 어느 날인가 의자에 앉아 계시던 어머니가 갑자기 폭풍 질문을 해댔다. "댁은 누구요? 나와는 무슨 관계요?" "여기는 어디요? 내가 어떻게 여기로 왔소?" 딸을 처음으로 알아보지 못하는 증상에 당황했다. 혹시 농담하는 게 아닌가 싶었지만 어머니의 눈빛은 진지하고 심각했다. 차근차근 대답을 해드렸더니 "아하! 내 딸이구나, 내게도 딸이 있었구나." 너무나 기가 차 할 말을 잊었다.

  오늘 어머니는 다행히 딸을 알아보신다. "잘 있다. 세 끼 따뜻한 밥도 잘 나와 잘 먹고 있다. 걱정하지 마라." 그런 말씀만 남기고 10분의 면회 시간은 끝났다. 백발에 환자복을 입으신 어머니를 뵈니 옷장 안에서 주인을 기다리는 옷들이 떠올랐다. 언제쯤 어머니는 집으로 돌아갈 수 있을까. 4층 병동으로 올라가는 엘리베이터 안 어머니는 희미하게 웃으셨고 이내 문이 닫혔다.

여름

| summer |

여름
summer

콩잎 댓 묶음

 재래시장 입구에 들어서자 좌판에 묵나물이 나와 있다. 삭힌 콩잎과 들깻잎, 푸르죽죽한 고추도 커다란 물통에 담겨 있다. 엄청난 양에 입이 벌어진다. 저 많은 걸 누가 사 가나, 다 팔리기는 할까, 궁금증이 앞선다.
 시장통 즐비한 가게마다 별의별 물건이 그득하다. 과일전, 식육점, 반찬가게, 떡집, 잡화점을 지나치는데 자꾸만 시장 입구에서 본 콩잎이 아른거린다. 다시 발길을 돌려 시장 입구 쪽으로 향한다.
 갓 결혼해 새댁일 때다. 추수철이면 시골은 바쁘다. 부지깽이도 한몫하고 덤빈다는 농번기에 일손을 보태러 시댁에 갔다.

시어머니가 콩밭에서 노랗게 물든 콩잎을 손으로 쑥쑥 훑어서 포대에 담으셨다. 손놀림이 어찌나 재고 날렵한지 나는 흉내조차 내지 못했다. 그렇게 뿌리째 뽑힌 고춧대와 훑어낸 콩잎은 수십 자루가 넘었다. 고춧대에서는 고춧잎과 고추를 골라냈다. 짧은 가을볕이 기울고 저녁 식사를 마치면 어머님은 안방으로 콩잎이 든 자루를 옮겼다. 그때 시누이가 "어이쿠! 오늘도 야간 작업이네!"하고 중얼거렸다.

처음엔 그 말이 무슨 뜻인 줄 몰랐다. 백열등 아래 풀어놓은 콩잎은 말 그대로 산더미였다. 그 앞에 온 가족이 둘러앉아 하나하나 가려서 손바닥 위에 차곡차곡 재었다. 찢기거나 벌레 먹은 잎은 따로 가려내었다. 수북해진 콩잎을 어머님께 건네면 흐트러지지 않게 짚으로 단단히 묶었다. 초등학생이던 막내 시누이도 빠르고 능숙하게 콩잎을 가려 묶었다.

가족이 둘러앉아 작업을 하다 보면 두런두런 이야기꽃이 피었다. 그날 밭에서 있었던 재미난 일, 동네에 도는 이야기, 먼 옛날이야기까지 온갖 이야기들이 방바닥에 흩어진 콩잎만큼 쏟아져 나왔다. 때마침 야참으로 어머님이 내온 찐 고구마와 단감은 그야말로 꿀맛이었다.

그렇게 서너 시간을 앉았다가 마당에 나오면 밤하늘은 별빛으로 가득했다. 밤공기는 차고 사방은 깜깜한데 안방에서 새어 나오는 웃음소리와 불빛은 훈훈하고 아늑했다. 도시 네온사인

불빛만 바라보며 자란 나에게 고즈넉한 시골 정취는 한 폭의 풍경화로 남았다.

　가을밤 야간작업은 밤 10시를 넘기지 않았다. 일거리가 아무리 많아도 시간 전에 마무리하고 각자 방에 들어가 쉬었다. 일찍 자고 일찍 일어나야 한다는 게 시어머님의 생활 습관이었다. 서툰 밭일로 힘들었을 며느리에 대한 배려이기도 했다.

　온 가족이 둘러앉아 묶은 콩잎과 깻잎, 고추를 소금물에 담가 삭힌다. 한 달 정도 삭힌 콩잎은 장사꾼이 집집마다 다니며 수집해 간다. 장사꾼이 오지 않는 해는 시어머니가 직접 밀양장에 가져가 팔거나 도매상에 넘겼다.

　시장 입구 물통에 가득 쌓인 저 콩잎은 누구네 가족이 차곡차곡 가렸을까. 어느 가족의 마음들이 저리 모인 걸까. 결코 한둘의 손품으로는 나올 수 없는 귀한 것들임을 잘 알아 눈길이 오래 갔다. 요샌 농촌도 자동화로 편리해졌다고는 하나 콩잎을 가려 묶는 일은 사람 손이 아니면 힘들다.

　잘 삭힌 콩잎은 다시금 어머니 손길이 필요했다. 닷새 정도 물을 번갈아 가며 짠기와 쿰쿰한 콩잎 특유의 냄새를 빼준다. 콩잎을 여러 번 헹구고 쌀뜨물에 데쳐내면 짠맛은 빠지고 부들부들해진다. 갖은양념에 젓갈을 섞어 만든 양념장을 콩잎에 골고루 발라 밑반찬으로 내어놓으면 짭조름하면서 잡내가 없고 뒷맛은 깔끔하다. 갓 지은 쌀밥에 콩잎김치 한 장 걸쳐 먹으면

가을이 깊어가고 들녘 콩잎에 단풍이 들 때면
콩잎을 훑던 어머니의 잰 손길과 식구들의 따스한 재잘거림이 그립다.

매콤한 양념과 콩잎의 부드러움에 쌀밥의 달콤함이 어우러져 입안에서 살살 녹는다. 입맛이 없을 땐 콩잎김치를 꺼내 먹으면 밥도둑이 된다.

시어머니가 돌아가시고 그 맛이 생각나면 삭힌 콩잎을 사다가 갖은양념을 하지만 어머님이 해주시던 특유의 깊은 맛이 나지 않는다. 흔한 콩 이파리 한 장이지만 거기 담긴 시어머니의 깊은 손맛은 감히 흉내 낼 수 없음을 깨닫는다.

가을이 깊어가고 들녘 콩잎에 단풍이 들 때면 콩잎을 훑던 어머니의 잰 손길과 식구들의 따스한 재잘거림이 그립다.

"이 콩잎 한 묶음은 얼맙니까?"

내 손은 저절로 콩잎 묶음을 뒤적이고 있다. 값이 궁금해서 물은 게 아니라 시어머님 생각에 흥정을 걸어 본다. 집으로 돌아오는 장바구니엔 놓치고 싶지 않은 추억 같은 단풍 콩잎 댓 묶음이 들어 있다.

여름
summer

7번 국도를 달린다

 차창 너머로 바라본 유월의 바다는 거대한 호수 같다. 눈부신 햇살이 잔잔한 물결의 이랑을 넘나들며 물비늘처럼 쏟아진다. 포항에서 삼척으로 가는 7번 국도를 달리고 있다. 아이들이 어릴 때 우리 가족은 이 길을 자주 지났다. 짙푸른 바다를 옆구리에 바짝 끼고 하염없이 달리다가 구불구불한 산길을 넘었던 기억이 지금도 생생하다. 세월이 흐르는 사이 쭉쭉 뻗은 도로에 시야가 환해졌다.
 7번 국도는 동해안을 따라 난 도로로 우리나라에서 가장 아름다운 길 중 하나다. 일상을 탈출하고 싶을 땐 7번 국도를 떠올린다. 오늘처럼 쾌청한 날이면 푸르른 바다와 하얀 백사장

그리고 소나무 방풍림이 그림처럼 펼쳐진다. 전망 좋은 휴게소에서 바라보는 바다의 물빛이 하늘과 맞닿아 있어서 가슴이 확 트인다. 울진에 사원 가족이 이용하는 연수원이 있어 해마다 달려왔다. 아이들과 백암온천에 와서 성류굴도 둘러보고 태백으로 넘어오기도 했다. 동해의 작은 갯마을을 방문하고 갯가 바람에 꼬들꼬들 말라가는 피대기를 만나기도 했다. 어느 해는 강릉 속초를 거쳐 강원도 고성까지 올라가서 최전방 통일전망대와 북한 땅 그리고 흐릿하였으나 금강산을 보기도 했다. 7번 국도를 달려 다다른 끝에서 분단 현실도 체감하고 남쪽에서는 보기 힘든 군 시설물과 군인들의 역할도 가까이서 보았다. 그 추억이 새록새록 하건만 이제는 훌쩍 자란 아들의 첫 근무지를 향해 이 길을 달릴 줄이야.

 운전대를 잡은 남편은 말이 없고 뒷좌석에 앉은 아들 녀석도 기척이 없다. 룸미러로 힐끔 보니 자는 건지, 자는 척하는지 눈을 감고 있다. 지난 3월 초에 임관하여 상무대에서 3개월간 교육을 받고 첫 부임지인 삼척으로 가는 길이다. 며칠 동안 GOP 임 병장 총기 난사 사건으로 온 나라가 떠들썩했었다. 집을 떠나 낯선 환경에 어떻게 적응할지 기대 반 설렘 반이었는데, 그 사건이 남의 일 같지 않아 가슴을 흔들어 놓았다. 녀석도 첫 근무지에 대한 부담감이 큰 듯했다. 차 안은 출발할 때부터 각자의 생각에 빠져 깊은 침묵의 늪이다.

7번 국도, 7번이라는 행운의 숫자가 주는 안도감으로 이 길을 자주 오간 것 같다. 집을 떠나 여행하는 설렘으로 다녔지만 나와는 달리 악몽으로 다녔을 사람이 떠올랐다. 새댁 시절 바로 옆집에 살던 이웃 언니의 시가가 동해안 소도시였다. 당시 그녀는 시어머니와 사이가 좋지 않아 세 자녀와 시댁만 다녀오면 하소연하였다. 가난한 친정에서 시집올 때 제대로 해온 게 없다고 시어머니 눈 밖에 난 것이 원인이었다. 갈등이 쌓이고 쌓여 나중에는 폭발했고 그 설움을 이웃 동생인 내게 털어놓았다. 힘든 시기에 그녀가 시댁으로 다녔을 7번 국도는 서러움의 길이었을 게다.

  7번 국도가 누구에게는 가슴 뛰는 설렘의 길이고 누군가에게는 아픔과 설움의 길이다. 또 누군가에겐 치유의 길이 되겠다.

  삼척에서 근무할 아들도 이제 이 도로를 자주 지날 것이다. 여태껏 제 의지대로 자유롭게 부모 둥지 안에서 세상을 살았다. 그랬던 아들이 나라를 지키는 큰 짐을 지게 되었다.

  이제부터는 막중한 책임감과 임무가 주어지며 혼자서 판단하고 결단을 내릴 때가 많을 것이다. 그럴 때마다 숱한 사람들이 일직선으로 된 도로만 달릴 수 없다는 것을 알았으면 좋겠다. 저 푸른 바다가 오늘같이 잔잔할 때도 있지만 파도와 폭우가 세상을 덮치는 날도 있음을 기억하면 좋겠다. 7번 국도를 오가게 될 아들에게 바다는 언제나 힐링의 장소가 되기를 소망해 본다.

　우리가 탄 차는 울진에 접어들었다. 산길을 가로지르는 우측 차창 너머로 짙푸른 바다가 넘실거린다.

여름
summer

커피 이야기

아침 햇살에 나팔꽃이 일제히 함성을 지른다. 홍자색 트럼펫으로 팽팽해진 햇살에 입을 오므릴 즈음 카페 거리는 분주해진다. 이국풍으로 꾸며진 카페는 은은한 커피향을 거리로 내보내기 시작한다. 잎 넓은 나무와 색색의 꽃들이 가득한 카페테라스, 물뿌리개에서 뿜어 나는 물줄기가 햇살에 버무려져 하얗게 부서진다. 카페 유리문을 앳된 소녀가 뽀도독뽀도독 닦고 있다. 티끌 하나 없이 투명한 유리문은 안과 밖 경계를 사라지게 했다.

집 대문을 나와 골목을 지나면 카페 거리가 펼쳐진다. 프랜차이즈 카페부터 개인이 운영하는 로스팅 가게들이 늘어서 있어 평일에도 사람들 발길이 많은 곳이다. 카페 거리 주변으로 율하천이 흐르고 하천을 따라 산책로가 이어진다.

　친구들과 카페에서 이야기를 나눌 때였다. 딱! 하는 소리에 모두의 시선은 한곳으로 향했다. 멧비둘기 한 마리가 카페 유리창에 부딪혀 떨어진 것이다. 어른 손바닥만 한 비둘기가 창에 부딪힐 때 충격으로 두 다리를 위로 치켜든 채 두어 번 버둥거리다가 바로 축 늘어졌다. 모두가 어찌할 바를 몰라 마른 손만 비벼댔다. 열심히 유리창을 닦는 소녀의 모습에서 그날 본 멧비둘기가 자꾸만 겹친다.

　커피가 생각나는 날은 혼자 카페에 들르곤 한다. 특별히 커피 애호가는 아니지만 쌉싸래한 흑갈색 차를 천천히 마시며 입 안 가득 피어오르는 향을 음미한다. 처음에는 커피 맛을 잘 몰랐는데 점점 그 맛에 빠져든다. 특히 톡! 쏘는 산뜻한 신맛은 입안을 개운하게 하고 그윽한 향은 오래 여운을 준다. 커피 속 카페인이 살짝 기운을 달뜨게 하면서 피곤도 잠시 사라진다. 커피의 고향 에티오피아 3대 커피로 '예가체프' '하라르' '시다모'를 든다. 그중 하라르를 사랑한 프랑스 시인 '랭보'는 '지옥만큼 어둡고 죽을 만큼 강하며 사랑만큼 달콤하다.'고 커피를 예찬했다니, 그의 커피 사랑이 어느 정도였는지 짐작이 간다.

　최초의 커피전문점은 15세기 '메카'(현재 사우디아라비아의 서부에 있는 도시)에서 문을 열었다. 당시 커피 속 카페인 성분

쌉싸래한 흑갈색 차를 천천히 마시며
입안 가득 피어오르는 향을 음미한다.
처음에는 커피 맛을 잘 몰랐는데 점점 그 맛에 빠져든다.

이 사람 기분을 좋게 하고 활력을 증진한다고 알려지면서 사람들이 몰려들었다. 그러자 정부 당국자들은 '악마의 음료'라 하며 커피전문점을 폐쇄했다. 그 후 수 세기 동안 커피가 몸에 유익하다, 무익하다 논란이 끊이지 않지만 여전히 커피는 만인의 사랑을 받고 있다. 커피콩 한 알 나지 않는 우리나라 커피 소비량이 프랑스에 이어 세계 2위라니 놀라울 따름이다.

우리나라 커피 문화는 다방에서 현대식 카페로 진화했다. 이전의 카페는 젊은 연인들의 데이트 장소로, 친구들의 약속 장소로 애용되었다. 요즘은 가족이 함께 와서 즐기는 모습을 흔히 본다. 어린아이를 데리고 온 젊은 부부, 노부부와 손자들 삼대가 마주 보며 차를 마시고 이야기를 나눈다. 거실 문화가 집 밖 카페로 조금씩 바뀌는 중이다. 거실 문화는 말없이 티브이만 바라보거나 각자 방에 틀어박히는 개인주의를 키웠다. 자연히 대화가 줄어들고 부모 목소리는 일방적인 잔소리로 들린다. 카페에서는 마주 보며 표정을 살필 수 있으니 순화된 언어로 주고받게 된다.

여든이 넘으신 친정어머니와 카페에 간 적이 있다. 유럽풍의 우아한 의자에 허리를 꼿꼿하게 세우고 앉은 어머니는 따뜻한 차 한 잔을 놓고 몇 시간 동안 자신의 속내를 털어냈다. 집 안에서는 앉았다 일어났다 손에서 걸레를 놓지 않고 두서없는 말씀만 하시는데 카페에서 나눈 이야기는 일상적이어도 어머니의 진솔한 삶이 느껴졌다.

　카페가 다방으로 통했던 시절, 번화가나 대학가 시내버스가 다니는 큰 길가에 다방이 많았다. 당시 호텔에서 운영하는 곳을 커피숍이라고 불렀다. 호텔 커피숍은 맞선 장소로 중매쟁이들의 전유물이기도 했다. 80년대 중반 부산 서면 커피숍에서 남편의 직장 동료와 친구를 소개해 준 적이 있다. 수줍게 볼을 붉히던 그 둘은 결혼하여 40년째 잘살고 있다.

　나 혼자 카페에 갈 적에는 꼭 책을 들고 간다. 창가 쪽에 자리를 잡고 앉아 책 한 권을 다 읽어야 일어선다. 커피가 있고 음악이 흐르고 다소 소란하기도 하지만 그런 백색소음이 참 좋다. 혼자 오는 손님들 중 대부분은 노트북으로 작업하는 젊은 이들이다. 그들 속에서 글을 읽기도 하고, 창밖 푸른 하늘을 올려다보기도 하고, 지나는 이들의 일상을 상상하기도 한다. 어떤 날은 도서관을 향하다가 되돌아와 카페로 들어간다.

　나도 이제 서서히 카페 마니아 체질이 되어가는 모양이다.

여름
summer

문중 자연장지 신고서

 가뭄과 무더위가 한창이던 칠월, 음력 윤오월 막바지다. 그동안 계획하고 준비했던 공사가 이른 아침부터 시작되었다. 오매불망 기다리던 '문중 자연장지 신고서'가 밀양시에서 승인이 되었다. 두메산골인 시댁 동네가 함양—울산 간 고속도로 구간에 일부 편입되었다. 선산 여기저기 흩어져 있던 조상님들의 묘지를 한곳에 모아 평장을 하는 큰 공사였다. 윤달이 가기 전에 일을 마무리해야 한다. 종손인 남편이 집안사람들의 뜻을 모아 묘지를 이장하는 추진위원장이 되었다.
 오전 내내 망설이다가 한낮 지나서야 나도 현장으로 발걸음을 옮겼다. 막 도착할 무렵 포클레인 커다란 손이 어느 한 무덤을 개장하고 있었다. 뜨거운 여름의 열기 아래 관 뚜껑이 열리자 깨끗하고 단정한 모습으로 유골이 누워 있었다. 말없이 지켜보던 사람 중 누군가가 내 곁에 다가와서 말했다.

"우리도 죽으면 저렇게 되겠지요."

그 유골은 오촌 당숙이다. 당숙을 처음 본 건 새댁 때였다. 당숙이라고 하지만 그분은 남편보다 열 살쯤 아래인 잘생긴 청년이었다. 큰 행사가 있을 때면 빠지지 않고 참석했고 명절 때는 시가 어른들을 뵈러 오곤 했다. 당시에는 시할머니, 시부모님이 계셔서 명절 때 인사드리러 오는 문중 사람들이 많았다. 방문객이 뜸하여 잠시 쉬고 있으면 당숙은 언제 왔는지 나에게 다가와 "고생하셨지요."라며 따뜻하고 진심 어린 인사를 하였다. 시댁의 수많은 일가친척 중 그렇게 마음에서 우러나오는 인사를 하는 사람은 당숙이 처음이었다. 처음에는 그가 누구인지, 시댁 집안과는 어떤 관계인지 궁금했다. 단정한 미소년 같았던 당숙은 수년 후에 아름다운 여인과 결혼을 했다. 딸 넷에 막내아들이었던 당숙은 결혼하자마자 떡두꺼비 같은 아들 둘을 연년생으로 낳아 주위의 부러움을 샀다. 우리와 함께 나이 들어가리라 생각했던 그는 췌장암 선고를 받고는 6개월을 버티지 못하고 세상을 떠났다. 수많은 유골 가운데 하필이면 당숙 유골을 제일 먼저 뵈었을까.

봉분을 만들지 않고 평장을 하니 시야도 트이고 묘지가 차지

하는 자리도 적었다. 하지만 공사를 시작하고 보니 예상하지 못했던 큰 문제점이 앞을 가로막고 있었다. 웃어른들이 250년 이상 이곳에서 터를 잡고 살다 보니 산소도 자연스레 돌아가신 분의 순서대로 조성되었다. 2002년부터 법이 바뀌면서 그전에 있던 산소는 상관없으나 후에 들어선 묘지는 전부 불법 묘지였다.

또한 선산 옆에는 남편 친구 A 부모 묘소가 있다. 현장에서 보면 경계선처럼 작은 도랑으로 구분이 되나 등기상에는 한 덩어리로 되어 있었다. 오래전 어른들이 구두로 사고팔았지만 땅 구분 정리가 되어 있지 않았다. 더구나 A 집안의 복잡한 사정으로 한 달 전에 경매로 넘겨졌다. 이 모든 일부터 바로잡아야 했다. 이런저런 문제를 해결하기 위해 예상 이외의 시간과 발품으로 경비가 지출되었다.

산소를 개장하며 뵙게 된 유골에는 공통점이 있었다. 장례를 치를 때 고인을 위한다고 비싼 석관을 맞추고, 물이 들지 말라고 석회를 뿌린 시신은 썩지도 않았다. 오히려 자손들이 잘 안 풀린다고 이장을 하려던 유골은 물기도 없고 시신도 깨끗했다. 그걸 다 지켜본 남편은 "흙에 나서 흙으로 돌아가니 간소하게 목관에 시신을 안치하는 게 가장 좋은 것 같다."고 중얼거렸다.

올 초봄에 2차 이장을 하였다. 1차에서 누락된 조상뿐 아니라 증조부 내외분, 조부 내외분, 시부모님의 이장이 있던 날이다. 전날 형제자매들이 다들 모여 산소에 간단한 제상을 차리고 예를 드렸다. 1차 이장 때 많은 시신을 보았기에 걱정도 되었다. 혹여 석관에 물이 차서 시신이 둥둥 떠 있지나 않을지 뼈와 살이 분리되질 않아 다시 화장장으로 가야 하는 건 아닌지 마음이 무거웠다. 이날은 도로 공사 현장 담당자도 바빴다. 이장 확인이 되어야 하기에 유골 사진을 찍고 서류 작성도 하느라 분주히 움직인다. 드디어 석관이 열렸고 가슴이 조마조마했다. 다행히 시부모님 유골은 고슬고슬한 흙에 습기도 없이 단정하게 누워 계셨다. 일꾼들은 뼛조각 하나라도 놓칠세라 빠르고 신속하게 수습하였다. 이어 시어머님도 이십삼 년 만에 자식들이 뵈었다. 시어머님 유골이 누르스름한 황금빛으로 온전한 모습을 보여 다들 놀랐다.

그래서일까. 이장을 하고 일주일쯤 지나 시골집에 갔다가 동네 어르신을 만났다. 시부모님 살아계실 때 평소 친분이 좋았던 그분이 우리 산소 이장 즈음에 꿈을 꾸었는데 꿈속에서 시어머님을 만나셨다고 한다. 시어머님이 대문에서 나오시기에 생전처럼 반갑게 농담을 주고받으며 "어디 가느냐?" 물었더니 "정부에서 우리 집을 새로 지어준다기에 그리로 이사 간다." 하더란다. 으스스 소름이 돋았지만 돌아가신 분도 나라에서 하는 일을 알고 계시는가 싶어 마음은 한결 가벼워졌다.

오십육여 기의 산소를 이장하고 이제 큰 공사는 마쳤다. 묘지 벌초를 하지 않으면 봉두난발처럼 풀밭이던 곳이 공원처럼 다듬어졌다. 산 너머 마을과 도로가 뚫리면서 도로변에서 보면 선산이 훤히 보인다. 공원 조성 후 처음으로 맞이하는 이번 추석 벌초에는 집안사람들이 모여 잡풀만 뽑고 정담을 나누었다.

 유골을 이장하면서 살아있음과 죽음은 종이 한 장 차이임을 확인한다. 삼십 대 중반에 돌아가신 오촌 당숙이 지금까지 살아계신다면, 장성한 자식들 복학과 직장 문제로 고민하는 평범한 아버지일 텐데 말없이 누워계신다. 젊었던 우리도 시부모님이 돌아가실 때쯤의 나이가 되었으니 인생은 짧고 죽음이 먼 곳에 있지 않음을 실감한다. 미래 그 어느 날이 닥쳤을 때 담담하게 맞이하는 마음도 길러야겠다.

 "우리도 죽으면 저렇게 되겠지요?"

 그 말처럼 언젠가는 우리 부부도 주검을 옮기는 일이 없을 그런 집에 안치될 것이다. 구름 한 점 없는 푸른 하늘을 우러러보며 사방이 나무로 둘러싸인 양지 녘 공원을 천천히 둘러본다.

여름
summer

하늘 허수아비

사과나무 꼭대기에 허수아비가 떠올랐다.

정확히 말한다면 사과나무 옆에 키 큰 대나무를 세워 허수아비를 매달았다. 허수아비는 가벼운 바람에도 퍼럭! 퍼러럭! 소리를 내며 허공을 휘젓는다. 발그레 익어가는 사과에 눈독을 들이던 새들도 낯선 광경에 주변 나뭇가지에 앉아 두리번거린다.

철물점에서 허수아비를 사 왔다. 친환경적인 허수아비란다. 한쪽 면은 조류들이 접근하기 싫은 반사체고 뒷면 은박지가 햇빛에 반사되어 눈이 부시다. 바람에 흔들리며 내는 우람한 소리가 사방을 출렁이며 압도한다. 그 기세에 새들이 주춤거리며 피해 다닐 것이다. 이제 저 허수아비는 탐스럽게 익어가는 사과와 단감, 대봉감을 지키는 파수꾼이 되었다.

  작년 가을 대봉감이 익어갈 무렵이었다. 주말이면 찾아가는 시골집은 코발트 하늘빛이 짙을수록 사과 향이 새벽 물안개처럼 퍼져 나갔다. 사과나무 사이사이 대봉감 또한 탐스럽다. 이때다! 하고 새들이 밀려드는 유혹을 참지 못하고 덤벼들었다. 벌들과 나비들도 달려들었다. 정성껏 가꾼 탐스러운 과일이 새 부리에 쪼여 상품 가치가 떨어졌다. 한두 개라면 그러려니 넘어가겠는데 수확물 절반 이상이 흠투성이다. 고심 끝에 명주실 같은 그물막을 치기로 했다. 과수원 경계를 그물막으로 휘장을 두르고 돌아서는 마음이 편치 않았다.

  아뿔싸! 별 탈 없길 바랐던 마음은 다음 날 허물어지고 말았다. 어린 딱따구리가 그물에 친친 감겨 있었다. 다행인 건 그물에 발목이 잡힌 지 얼마 되지 않아 살아서 버둥거렸다. 얼른 칼로 그물을 끊어 주니 포르르 날아갔다. 사건은 그다음이었다. 주말에 다시 갔더니 이번엔 제법 큰 산비둘기가 그물에 온몸이 뒤엉켜 말라비틀어져 있었다. 살려고 얼마나 버둥거렸을까. 어쩌다 가엾은 주검의 가해자가 되고 말았다. 사람과 새들, 곤충과 공존하는 길은 없을까. 산비둘기를 땅속에 묻어주며 마음이 심란했다.

  그물막이 날짐승에게 피해를 주는 것 같아 궁리 끝에 허수아비를 세웠던 것이었다. 허수아비가 우리 대신 과수원을 잘 지켜주길 바랐다. 하지만 그 바람도 오래 가지 않았다. 일주일 만에 시골에 갔더니 어느새 팔다리 부분이 찢겨 만신창이가 되어 있었다. 가벼운 바람에도 혼신을 다해 펄럭였을 허수아비는 지칠 대로 지쳐 있었다. 주인을 대신해 하늘을 지키느라 얼마나 힘들었을까. 새로운 감시꾼의 등장에 주춤하던 새들도 벌써 눈치를 챈 모양이었다. 한동안 말짱하던 과일에 상처가 늘어가기 시작하였다.

농작물은 주인 발소리를 듣고 자란다고 한다. 자주 찾아와 돌보지 못하는 아쉬움을 대신해 세워놓은 허수아비는 가을빛을 종일 온몸으로 맞으며 제 몫을 하기 위해 오늘도 퍼러럭 소리를 내며 하늘 향해 "오지 마! 가까이 오지 마!" 아우성을 치고 있다.

시골에 도착하면 허수아비 하소연을 들어주려고 그들 곁에서 서성인다. 주인 없는 동안 무슨 일들이 있었는지, 찢어진 팔다리는 어쩌다 그랬는지 살펴본다.

묵묵히 하늘을 올려다본다. 산 넘어가는 노을빛에 허수아비 한쪽 면이 반사되어 눈이 부시다.

여름
summer

40년 만의 귀향

 포항 호미곶 바다 위 데크로드를 걷는다. 파도는 데크로드를 덮칠 만큼 기세가 등등하다. 짙푸른 수평선은 편안한 느낌으로 다가온다. 바다만 쳐다보면 바다 끝 남태평양 섬 '사모아'가 떠오른다. 언제부턴가, 그곳에 가고 싶었다.
 신록이 짙어가는 오월이면 옥련암 뜰에 동생이 좋아하던 모란꽃이 핀다. 동생의 제祭를 올리기 위해 일 년에 한 번 암자에 간다. 절 주변의 풍경은 눈에 들어오지도 않고 유독 모란에만 시선이 갔다. 깊고 아득한 슬픔에 절 주변에 핀 꽃들과 아름드리나무들에겐 눈길이 가지 않았다.
 나에게는 세 살 터울의 남동생이 있었다. 동생이 곁에 있다면 지금쯤 어떤 모습으로 살아가고 있을까. 이야기하기를 좋아하고 산책을 즐겼던 동생이다. 동생의 대학 시절 사진을 보면 싱그럽고 풋풋한 웃음을 머금고 있는 건장한 청년이다. 그 모습 그대로 동생의 청춘은 사진에 박제된 채 영원히 정지되어 있다.

모란꽃이 소담스레 피는 오월 아침이었다. 동생의 사망통지서를 받았다는 어머니의 전화는 날벼락이었다. 젖먹이를 둘러업고 친정으로 향하는 택시를 어떻게 탔는지 기억에 없다. 택시 안에서 '아니야 아니야 이건 정말 아니야.' 울면서 사실이 아니길 간절히 빌었다. 하염없이 흐르는 눈물은 닦지도 못했다. 택시 기사님이 룸미러로 힐끔힐끔 쳐다보며 안타까워할 뿐 아무런 말도 걸지 않은 채 실컷 울도록 그냥 두었다. 고마운 기사님이었다.

석태는 어린 시절 나에게 무척 귀찮게 굴었던 동생이다. 일곱 살이나 많은 형이 대하기 어려워서인지 바로 위 누나인 나한테만 칭얼대며 졸졸 따라다녔다. 속없는 나는 친구들과 놀고 싶어 동생을 떼어 놓고 피해 다니곤 했다. 그 일이 엊그제인 듯 이제 와서 새삼 가슴에 맺혔다.

아버지 돌아가신 후에 이모부가, 자신이 교사로 재직하는 공립고등학교로 동생 입학을 권유하셨다. 가장인 어머니의 짐을 덜어 주고 공부와 대학 진학에 도움을 주겠다는 뜻이었다. 결국 동생은 완도수산고등학교에 진학했다. 그 시절, 동생이 있는 완도에 찾아간 적이 있다. 부산에서 아침 일찍 출발하여 광주에 도착해서 다시 완도행 버스에 환승했다. 비포장도로를 달려 완도에 도착하면 해 질 무렵이었다.

집안 형편이 어려워 막내아들을 완도까지 유학 보냈던 어머니의 마음을 내가 어찌 헤아릴 수 있으랴. 방학을 맞아 동생이 집에 오면 어머니와 다 함께 잠자리에 들었다. 그동안 쌓인 이야기를 나누다 보면 꼬박 밤을 새우기도 했다. 무슨 이야기를 나누었는지 다 기억할 수는 없지만 세 살밖에 나이 차이가 나지 않는 오누이는 서로 소통하는 점이 많았다.

석태와 가끔 팔짱을 끼고 남포동 광복동으로 데이트했다. '미화당' 백화점 화방에서 우연히 본 화려하고 우아한 모란꽃에 눈이 꽂히기도 했다. 모란꽃 그림 앞에서 한참을 서성거렸다. 아직도 생생히 기억하는 말이 있다. "누나는 순진하고 착해 빠져서 우째 살 건고! 세상이 얼마나 각박하고 무서운데…." 나보다 어린 녀석이 누나를 걱정하는 말투에 기가 차 헛웃음 치던 일이 엊그제인 듯 또렷하다.

석태는 우리 삼 남매 중에 활발한 어머니의 성격을 가장 많이 닮았다. 온 가족은 교우 관계가 좋은 동생 탓에 반 친구들도 다 알게 되었다.

수산대학 시절 외항선 실습을 나갔다. 쾌활하고 사교적인 성격으로 외항선 안에서 현지인을 사귀었다. 자국의 어족 보존을 위해 지정된 생선 이외는 잡지 못하게 감시 감독하는 현지인이다. 그들이 부산에 오면 집으로 초대하여 어머니께 인사시켰다. 외국인 친구 '케티'와 함께 찍은 사진은 아직도 어머니 앨범에 남아 있다.

동생은 졸업 후 선박회사에 취직했다. 동생이 원하던 직장은 6개월에 한 번씩 귀국할 수 있는 굴지의 외항선이었다. 무슨 까닭인지 친구가 승선할 외항선을 동생이 가게 되었다. 동생은 친구에게 사정이 생겨 바꾼 선박에 이등 항해사 직함을 받고 출국했다. 당시 상황을 더 자세히 알지는 못한다.

먼바다 선박 위에서 일어난 사고에 대해서 우리 가족은 정확히 알 수가 없었다. A4 용지 한 장에 적힌 사고 경위는 '사고 전날 밤, 선미船尾에 홀로 앉아 술을 마시고 있었는데 다음 날 아침 바다에 빠져 있었다.'라는 짧은 두 줄뿐이었다. 기가 찰 일이었다. 혼자 술 마시는 버릇도 없고 수영도 잘하는 동생이 물에 빠져 죽다니. 울분이 가라앉기도 전에 청천벽력 같은 소식이 들렸다. 동생이 가족 품에 돌아오지 못한다는 것이다. 바다에서 불의의 사고로 돌아가신 분들은 사모아 추모공원에 묻혀야 한다고 했다. 그곳이 동생의 영원한 안식처가 되었다. 나이 고작 스물다섯에 일어난 사고였다. 어머니는 사모아까지 직접 가서 확인하겠다며 발버둥 치고 의사를 밝혔지만, 그 일정은

모란꽃을 좋아하던 풋풋하고 건장한 젊은 영혼은
아직도 기억 속에 또렷하게 살아 있다.
모란의 꽃말처럼 왕자의 품격을 지닌 채 어제인 듯 다가온다.

쉽지 않았다. 우여곡절 끝에 어머니는 가슴속에 막내아들을 묻었다.

동생이 출국할 때 김해공항에서 찍은 사진이 있다. 어머니와 함께 찍은 사진이 우리와 마지막일 줄 그때는 상상이나 했을까. 모란꽃을 좋아하던 풋풋하고 건장한 젊은 영혼은 아직도 기억 속에 또렷하게 살아 있다. 모란의 꽃말처럼 왕자의 품격을 지닌 채 어제인 듯 다가온다.

글을 쓰면서 동생이 누나를 부르고 있는 듯한 환영에 눈물을 왈칵 쏟기를 여러 번이다. 석태가 사모아에서 보내온 편지가 세 통 있다. 지구본 위에 동서남북 방위를 그려놓고 우리나라(동경 135도)와 사모아(서경 172도)의 위치를 표시한 내용이 들어 있다. 김해공항을 출발해서 동경을 거쳐 하와이에서도 6~7시간을 비행하여야 사모아에 도착한다고 했다. 더 나이 들기 전에 동생이 묻혔다는 사모아로 가야겠다는 마음이 간절했다. 어디로 어떻게 가야 하는지 알아보라고 아들에게 부탁하였다.

그러다 뜻밖의 정보를 얻을 수 있었다. 정부에서 외국에 나가 불의의 사고로 돌아오지 못한 이들의 유해를 수습해서 가족의 품으로 돌려보내 준다는 것이다. 지난 연말까지 '해외선원 국내이장자' 서류를 접수해서 2025년 1월에 해수부에 결재를

올리면 사모아 현지 한인들이 확인한다. 확인되면 해수부에서 4월경에 결정이 나고 8~10월쯤 돌아올 수 있다는 소식이다. 이에 모든 경비를 해양수산부가 90%, 원양어선조합에서 10% 지원한다는 반가운 소식이다. 늦게나마 필요한 서류를 접수하고 기다리는 중이다.

한국원양산업협회 원양선원유골 국내이장사업이 2014년부터 실시되었다는데 우리는 까마득히 몰랐다. 그즈음에 알았다면 지금쯤 동생이 돌아왔을 테고 어머니의 한이 조금이나마 일찍 풀렸을 텐데 진즉에 알아보지 못함에 가슴이 미어진다.

2025년 10월경에 동생의 유해가 돌아온다면 40년 만의 귀향이다. 치매로 요양병원에 계신 어머니께 오늘도 귓가에 속삭이며 반가운 소식을 들려드린다.

"엄마! 막내가 엄마 곁으로 곧 돌아옵니다. 이제는 마음 편히 가지세요."

동생 석태와 40년 만의 해후를 기다린다.

여름
summer

뒷모습

　중부내륙고속도로 서울 방향을 달린다. 평일인데도 수도권을 향한 수많은 차량이 스쳐 간다. 차창 밖 푸르른 산야를 무심히 보기도 하고 멀리 차량 행렬 도로선을 보기도 한다. 앞서거니 뒤서거니 하는 앞차 꽁무니를 지켜보다 시선을 끄는 차량을 보게 된다.

　스티커 붙은 그 차가 지나가면 슬며시 미소가 지어진다. 앞서 달리는 탑차 뒷문 양편에 붙어 있는 스티커 때문이다. 단순한 웃음 스티커인데도 각기 다양한 표정이 담겨 있다. 볼수록 귀엽고 통통하고 밝은 느낌이다. 운전기사가 붙인 것인지는 알 수 없지만 어쩐지 그 차량을 몰고 가는 이의 따뜻한 심성이 느껴진다. 누가 저런 아이디어를 냈을까. 착한 마음이 전해진다.

짐을 싣고 달리는 차량도 저리 여운을 남기는데 사람의 뒷모습은 어떨까. 남들에게 내 뒷모습은 어떤 모습일까 궁금해진다.

몇 년 전 문학단체에서 '청도 아름다운 길 걷기' 행사에 참가한 적이 있었다. 곱게 물든 단풍이 지고 낙엽 소복이 쌓인 운문사 산책길을 걷는 행사였다. 나무와 나무 사잇길 낙엽을 밟으며 걸음을 뗄 적마다 사각거리는 소리가 났다. 그 소리가 미안스러울 지경이었다. 길 걷기 행사를 무사히 마치고 돌아와 지인이 찍어 준 사진을 받았다. 사진 속 내 뒷모습을 보고 깜짝 놀랐다. 곱게 물든 가을 풍경과 사람들 속에서 구부정하고 어정쩡한 자세로 팔자걸음을 걷는 모습이 보였다. 방긋 웃는 앞모습만 찍었지 뒷모습을 찍은 사진은 처음이었다. 늘씬한 뒷모습은 기대하지도 않았으나 반듯한 자세로 걷는 모습이려니 했는데 이렇게 무참히 무너진 자세일 줄이야. 큰 충격을 받고 그 후부터 거리를 걸을 때는 두 무릎이 살짝살짝 스치도록 바른 자세로 걸으려고 애를 쓴다. 하지만 잠시 방심하면 나도 모르게 다리에 힘이 풀리고 팔자걸음이 되는 것은 어쩔 수 없다. 뒷모습도 아름답게 유지하려면 매사에 신경을 쓰고 부단히 노력해야 한다는 걸 알았다.

뒷모습은 자신의 흔적이고 여운이다. 사계절 부는 바람과 나무, 꽃 그 어느 것이든 지나면서 뒷모습을 남긴다. 봄에 꽃을 피우는 벚나무는 가을이면 단풍 든 잎을 떨어뜨리고 겨울을 맞을 채비를 한다. 사계절 변하는 벚나무이지만 우리에게 벚꽃은 초봄을 상징하는 화사함으로 각인되어 있다.

얼마 전 20년간 사용하던 냉장고가 고장이 났다. 40대에 내 집에 들어와 주방에서 나와 함께 지내며 온갖 사연이 켜켜이 쌓였는데 한순간에 애물단지가 되어버렸으니. 새 냉장고를 알아보니 가격이 많이 올랐다. 하는 수 없이 고장 난 냉장고로 보름을 버텼다. 냉장고는 자신이 아프다는 걸 알리려는지 쉴 새 없이 끄응 끙 신호음을 냈다. 며칠 못 들은 척했더니 한밤중에 벼락 치듯 발악하기에 폭발이라도 하는 줄 알았다. 결국 냉장고를 보내기로 했다. 그것을 떠나보내던 날 아침부터 마음이 싱숭생숭했다. 냉장고가 놓였던 자리며 실려 가는 모습을 사진으로 남겼다. 그렇게 냉장고는 긴 여운을 남기고 떠났다.

언젠가 본 책 겉표지에 실린 산길을 걷는 수도승의 뒷모습이 떠오른다. 단 한 장면이지만 단순하면서도 절제된 뒷모습을 보며 무한한 상상을 하였다. 수도승이 어떤 삶을 살았기에 뒷모습만으로 이토록 향기로움이 묻어난단 말인가.

달리는 차량조차 흔적이 남고 여운이 남는데 과연 나는 어떤 뒷모습을 남기게 될까. 앞으로 십 년, 이십 년 후 나의 모습은 어떤 이미지로 남을까.

욕심 없이 담담하고 담백한 삶을 살았음을 그려보며 오늘도 최선을 다한다.

여름
summer

보물을 찾다

　지인이 몇십 년 묵은 큰 항아리를 여러 개 주었다. 주택에서 아파트로 이사하면서 마땅히 둘 곳이 없다며 내게 보내왔다. 주말이면 달려가는 시골집이 있어 그곳에 옮겨놓았다. 항아리도 낯선 장소로 이사했으니 안착하고 적응할 시간이 필요할 것 같아 처마 밑에 자리를 잡아 주었다. 시골집 대문에 들어서면 줄줄이 앉은 투박한 옹기들이 집지킴이라도 되는 듯 든든하다. 어떤 이는 어디서 이런 좋은 항아리를 구했느냐며 묻기도 하고 팔 수 없냐고 은근히 탐을 내기도 한다.
　문득, 시어머님이 남겨준 항아리들이 떠올랐다. 결혼하고 아직 새댁일 때 어머니의 장독대는 그저 그런 곳이었다. 크고 작은 옹기들이 수수하고 초라하게 모여 있었다. 항아리 안에 들어 있을 된장 고추장에도 그다지 관심을 두지 않았다. 여행지에서 본 순창 고추장마을의 항아리들처럼 눈길을 확 끌어당기거나 반듯반듯하고 좌르륵 윤기도 없었다.

어머님이 돌아가시고 얼마 후에 장독대 항아리 안을 샅샅이 살펴보았다. 어머니가 생전에 담근 된장, 고추장, 간장, 장아찌가 담겨 있었다. 낡은 천 조각으로 싼 주머니 안에는 참깨, 들깨와 콩류, 갖가지 종자로 모아둔 씨앗들이 쏟아져 나왔다. 주인 잃은 곡물들이 어머니 손길 닿은 마지막 선물이라 생각하며 우리 형제들은 고루고루 나누어 가졌다. 그런 후 항아리들은 속이 빈 채로 내버려져 있었다.

아파트에서 메주로 장 담그기에 실패하고 줄곧 간장을 사다 먹었다. 사찰에서 자원봉사자들이 콩을 삶아 메주로 담근 장을 사게 됐다. 직접 눈으로 확인할 수 있어 안심했고 식구도 단출하다 보니 필요한 양만 구할 수 있었다. 무엇보다 한 해 동안 먹는 장을 수월하게 얻으려는 속셈이 컸다.

시골집 뒤뜰에 장독대를 새로 만들었다. 원래 장독 자리가 좁아서 널찍한 곳에 새로 자리를 정했다. 장독대가 완성되고 어둑한 광에 숨겨놓은 커다란 옹기들까지 봄 햇살 아래 내어놓으니 눈이 다 부셨다. 크기와 모양이 비슷하게 앉혀 놓으니 옹기 집단촌이 되었다. 맏형같이 우람하고 믿음직한 항아리, 좁은 주둥이에 배만 불룩한 항아리, 땅땅하게 퍼질러진 항아리들을 보니 웃음이 나왔다. 미끈한 신사처럼 옆선이 날렵한 항아리, 아담하고 둥그스름하니 예쁘장한 항아리들은 미인을 보는 듯했다. 백년은 족히 사용했을 것만 같은 잔금 간 콩나물시루와 떡시루들은 친근감이 들었다. 한동안 선물의 가치와 귀중함을 모르다가 새로 들인 항아리까지 지켜보면서 신대륙을 발견하듯 번쩍 눈이 뜨였다.

장독대를 볼 때마다 화순 운주사가 떠오른다. 천불천탑 부처들이 제각기 다른 모습으로 누웠거나 기울어져 있다. 다양한 모양이지만 정감이 가고 투박한 듯 친숙하다. 또렷한 윤곽을 찾아볼 수 없게 일그러진 표정들이 밋밋하고 덤덤하지만 소박하고 편안하다. 처음 가봤는데도 오래전 다녀간 듯 낯익고 정겹다.

어머니에게 장독대는 부처님을 모신 신성한 법당이나 마찬가지였다. 이른 새벽 우물물을 길어와 장독대에 정화수 올려놓고 지성 드리며 하루를 시작했다. 볕 좋은 봄날은 장독 뚜껑을 열어 항아리에 햇살 가득 담았고, 매일매일 무명천에 물을 적셔 먼지 앉은 항아리를 닦고 또 닦으며 가족의 건강과 평안을 기원했다.

지난 늦가을에 큰 행사를 치렀다. 시골집에서 직접 콩을 삶아 메주를 만들고 겨우내 잘 뜨도록 그늘에 말렸다. 이듬해 정

시골집 장독대 항아리 속은 잘 발효되고 찐득한 정이 담긴
나만의 보물로 채울 것이다.

월, 잘 띄운 메주를 항아리에 넣고 물과 소금을 알맞게 희석하여 장을 담갔다. 텃밭에서 키운 무 배추와 양념거리로 김장을 해서 단지에 가득 채웠다. 머잖아 알토란 같은 청매실이 열리면 설탕에 버무려 매실청과 장아찌도 만들 생각이다. 지금은 빈 항아리들이지만 차츰 손맛이 밴 것들로 채워갈 것이다.

  어머니가 남기신 보물의 가치를 지금이라도 알아볼 수 있어 다행이다. 시골집 장독대 항아리 속은 잘 발효되고 찐득한 정이 담긴 나만의 보물로 채울 것이다.

여름
summer

곰국을 끓이다가

 가마솥 곰국이 일곱 시간째 끓고 있다. 이글거리며 타는 아궁이 불꽃을 오래도록 멍하니 바라본다. 사그라드는 불 속에 두툼한 장작 두어 개를 집어넣으니 화르르 불꽃이 다시 일어나 뜨거운 열기를 뿜어낸다.
 마당에서 느끼는 십이월의 한기가 등을 썰렁하게 하지만 아궁이 앞 열기가 어느새 온몸을 데운다. 들썩이는 솥뚜껑을 열어 푹 고아진 곰국을 퍼내고 물을 보태 다시 진한 국물이 될 때까지 끓인다.
 곰국을 끓일 때마다 친정어머니 생각이 난다. 어머니는 가족에게 곰국을 자주 해주셨다. 연탄불에 찜솥을 얹고 오랜 시간

진한 국물이 우러나게 거듭 끓였다. 불순물 걷어낸 뽀얀 국물을 대접에 담아 대파 송송 썰어 넣어 소금으로 간해 밥을 말아 먹으면 종일 배가 든든했다. 몇 끼 먹고 질릴 때쯤이면 우리는 국그릇을 통째로 물리기도 했다. 어머니는 우리가 남긴 곰국 국물 한 방울도 헛되이 버리지 않으셨다. 사골과 잡뼈가 으스러지도록 끓이고 또 끓이셨다. 요즘은 곰국을 두어 번 고면 뼈에서 나쁜 성분이 나와서 버린다는데 그때는 귀한 뼛국을 버린다는 건 상상도 못 할 일이었다. 뼈가 흐물흐물해진 마지막 곰국까지 맛나게 드시곤 흐뭇한 표정을 지으시던 어머니 모습이 엊그제 같다. 그 덕분인지 연세가 많아도 건강하셨고 잔병치레도 없으셨다.

  결혼 후 어머니의 곰국 사랑을 보고 자라서인지 일 년에 두어 번은 꼭 곰국을 끓인다. 계절이 바뀔 때면 큰맘 먹고 소뼈를 사와 오랜 시간 공들여 끓여서 온 가족이 넉넉히 먹었다. 요즘은 아이들이 독립해서 집에 두 식구만 남으니 곰국 끓일 일도 별로 없다. TV홈쇼핑에서 음식 명인들이 갖은 약재를 넣고 끓인 곰국을 대대적인 홍보를 하기에 두어 번 주문해 먹었다. 2인분씩 개별 냉동 포장으로 보관하기도 좋고 맛도 괜찮아 편리한 세상에 산다는 것을 실감한다.

  나에겐 또 하나 잊을 수 없는 사연이 있다. 오래전 시어머님이 대학병원에서 수개월을 병마와 싸우고 계실 때였다. 시어머

곰국은 친정어머니가 물려주신 진한 사랑이다.
먹는 사람은 단순한 한 그릇이지만 준비하는 사람은 불 앞에서
긴 시간과 함께 온 정성을 쏟아야 진국이 우러난다.

님은 당신의 마지막을 감지하셨는지 자꾸만 퇴원을 독촉하셨다. 자식들의 설득도 통하지 않아 결국 퇴원 날이 결정되었다. 나는 어머님이 퇴원하시면 어떤 음식을 드시도록 해야 할지 고민하다가 몸보신도 되고 속도 채우는 곰국을 생각했다. 시댁에 먼저 도착해서 우족과 핏물 뺀 잡뼈 섞인 곰국거리를 가마솥에 넣고 끓이기 시작했다. 어머님은 앰뷸런스를 타고 오셨는데 시댁에 도착하여 삼십 분이 채 되지 않아 가족이 지켜보는 가운데 임종하셨다. 병마와 씨름하는 오랜 병실 생활에서 얼마나 집에 오고 싶으셨을까. 내 집에서 평생을 함께한 사랑하는 가족과 정겨운 풍경을 마지막으로 보고 싶으셨던 모양이다.

가마솥에 펄펄 끓고 있는 곰국을 어머니는 한 모금도 드시지 못하고 멀리 떠나신 것이다. 요즘처럼 장례식장에 가는 시절이 아니라 시댁에서 장례를 치렀다. 잘 우러난 곰국은 조문 오신 손님들에게 대접했다.

친정어머니와 시어머님은 동갑이었다. 사돈이라지만 편하게 지내며 서로 우대하였다. 여장부같이 매사에 대범하신 친정어머니와 달리 시어머니는 체구가 작으셨고 조용한 분이었다. 시어머님의 부고를 누구보다 아쉬워하고 슬퍼하신 분은 친정어머니다. 딸에게 집안의 종부로 처신을 잘해야 한다고 누누이 말씀하시던 친정어머니 또한 지금 요양병원에 계시니 안타까울 뿐이다.

돌이켜보면 곰국은 친정어머니가 물려주신 진한 사랑이다. 먹는 사람은 단순한 한 그릇이지만 준비하는 사람은 불 앞에서 긴 시간과 함께 온 정성을 쏟아야 진국이 우러난다.

이런저런 생각을 하다 보니 두 번째 곰국이 고아졌다. 먼저 끓여낸 곰국과 섞어 식힐 것이다. 맞벌이하는 딸네 집으로 가져갈 곰국이다. 겨울방학을 맞은 손녀가 할아버지와 할머니 만날 날을 손꼽아 기다린다니 우리도 귀염둥이에게 얼른 달려가고 싶다.

이런저런 오랜 생각도 곰국과 함께 뭉근히 끓고 있다.

여름
summer

헬레나 수녀님

　추석 연휴 마지막 날이다. 친정에 온 딸네 식구를 배웅하러 현관을 막 나서는데 전화가 울렸다. 반가운 소식이었다. 에티오피아에서 헬레나 수녀님이 이곳 진해까지 오셨단다.
　2017년에 이십 일간 에티오피아를 여행한 적이 있다. 그곳에서 몇 명의 아름다운 한국인을 만났다. 그분들은 머나먼 아프리카대륙 에티오피아에 거주하면서 한 편의 다큐멘터리 같은 삶을 살고 있었다. 그들 중 한 분이 헬레나 수녀님이다. 수녀님이 수년 만에 휴가를 받아 고국에 오셨단다. 나는 아이들을 바삐 보내놓고 약속 장소인 진해 북카페 '마중'으로 달려갔다.
　수녀님은 에티오피아의 북동쪽 '고사'라는 작은 마을의 수녀원에 계셨다. 오지마을 고사는 수도 '아디스아바바'에서 멀고도 멀었다. 아디스아바바에서 '아와사'까지 네 시간이 걸린다. '아와사'에서 다시 여기저기 도로공사 중이라 불편하기 짝이 없는 비포장도로를 네댓 시간을 달려야 닿을 수 있는 마을이 고사이다. 고사는 가톨릭에서 교육사업과 의료시설을 지원하고 있는 마을로 수녀원에는 네 명의 다국적 수녀님이 계셨다. 한국과 인도에서 오신 수녀님들은 신앙생활을 하면서 제각기 맡은 업무가 달랐다. 학교를 관리하는 교장 수녀님과 또 다른 수녀님, 그리고 의술을 베푸는 분이었다. 의료시설은 우리나라로 치면 시골보건소 같은 수준이었다. 환자에게 간단한 약 처방과 치료는 가능하지만 중증 환자는 큰 도시로 나가서 치료를 받을 수 있도록 도와주고 있었다. 헬레나 수녀님은 의료를 담당하는 분이었다.

　수녀원에 짐을 풀던 그날 밤, 우리 일행은 헬레나 수녀님과 밤늦도록 이야기를 나누었다. 한국과 한국인이 그리웠고, 한국 사람과 대화를 못 해 모국어를 잊을 것만 같았다며 무척 반겨주었다. 수녀님이라는 선입감 없이 쾌활하고 거리감 없이 대해주었다. 수녀님은 20대에 은행에 근무하다가 어떤 계기로 수녀원에 가게 되었다고 했다. 평소 관심이 있던 간호사 공부도 시작하여 남아프리카에서 근무하다 이 오지마을로 지원했다고 한다.

다음 날 우리는 수녀님의 안내로 클리닉 건물을 둘러보았다. 가건물로 겉보기는 허름했지만 내부는 깔끔하게 잘 정리되어 있었다. 때마침 클리닉에 온 환자와 가족들이 우리를 보고 어색해하면서도 슬며시 미소를 지었다. 여기저기 둘러보니 우리의 의료시설과 비교할 수 없을 정도로 불편해 보였지만 분야별로 내과, 산부인과 등 병실은 잘 구분되어 있었다.

에티오피아에는 여러 부족이 어울려 살다 보니 남성우월주의 성향을 보이는 부족이 많았다. 남편들이 아내보다는 자신의 재산인 소, 양, 말 등 가축을 더 소중히 여긴다. 어떤 산모가 유산기가 있어 급히 병원에 왔는데 병원비 때문에 남편은 나타나질 않고 다급해진 친정아버지가 딸을 데리고 병원에 온 것이다. 수녀님은 당장 산모의 남편을 불렀고 호통을 치며 산모가 위험하니 어서 큰 병원에 가라고 혼쭐을 냈다.

평소 수녀님의 행동에서 상상할 수 없는 카리스마를 보였다. 자그마한 체구에 유쾌하고 미소가 고운 분이었는데 불의 앞에 서는 눈빛이 매서웠다. 풍기는 외양과는 또 다른 모습이기에 언어와 풍습이 다른 낯선 환경에서 주민들을 이끌어 가지 않는가 싶었다. 다행히 마을에서는 가톨릭을 믿고 수녀님을 존경해서인지 그 부부는 큰 병원으로 진료를 갔다고 들었다.

가끔은 현실에 불만이 생기면 지금이라도 과감하게 떨치고 나의 버킷리스트를 한 발 내밀고 싶다. 우물 안에서 벗어나 나를 변화하고 싶은 욕구도 올라왔다. 그렇게 한동안 여행의 후유증으로 혼자 방황하기도 했지만 늘 내 자리를 벗어나지 못했다. 도전하는 헬레나 수녀님에 대한 인상은 지워지지 않았다.

여행에서 돌아와서도 SNS를 통해 짬짬이 수녀님 소식을 들었다. 항상 웃는 모습으로 같이 간 우리 일행의 안부를 묻는다고 했다. 요즘은 인터넷이나 통신망이 좋아 그곳 소식도 바로바로 전해 들었다. 여행 중에 수녀님과의 만남은 짧았지만 삶의 한 조각 퍼즐을 들여다보는 듯했다. 평범한 일상을 거부하고 종교적 신념과 함께 선택해 온 길이 더 도전적이고 의미 있는 삶이었을까. 수녀님의 환하고 밝은 미소 그리고 또렷한 음성은 오랫동안 나의 뇌리를 떠나지 않고 아름다운 이미지로 남아 있다.

진해로 가는 길에 나는 수녀님께 여러 번 실수했던 일을 사과해야겠다고 생각했다. 처음 수녀님을 만났을 때 독실한 불교 신자도 아니면서 나도 모르게 '스님!'이라고 불러 순간 주위 사람들까지 당황하게 했었다. 혼자 입술 언저리를 꼬집으면서 후회했지만 얼마 후 또 스님이라고 부르고 말았다. 그런 실수를 방긋 웃으며 받아주신 수녀님이 진해에 와 계시다니! 에티오피아에서 보낸 지난 일정이 영상처럼 되살아나며 절로 가슴이 뛰었다. 수녀님을 만나면 이번에는 꼭 '헬레나 수녀님!'하고 손을 꼬옥 잡아드려야겠다.

여름
summer

강진 그리고 다산 정약용

 사월 초입, 강진으로 떠나는 문학기행 날이다. 차창 밖으로 보이는 산과 들 연초록 새순이 아침 햇살을 받아 싱그럽다. 오늘 여행지는 강진 백운동 별서정원과 백련사, 그리고 다산초당이다. 화창한 날씨가 여행에 대한 기대감을 키운다.
 재작년, 남편과 1박 2일로 강진을 다녀왔다. 그날 강진읍에서 보았던 마당극이 떠올랐다. 읍내 길거리를 걷고 있는데 어디선가 풍물 소리가 흥겹게 들려와 그쪽으로 향했다. 사의재 한옥체험관 앞마당 공연장에서 나는 소리였다. 마당극 공연이 막 시작되었다. 허름한 차림의 중늙은이가 신세 한탄을 하며 주막에 들어서서 주모와 대화를 주고받고 있다. 다산 정약용

선생이 강진으로 귀양 온 첫날을 재현한 장면이었다.

오래전《목민심서》를 읽었기에 마당극이 친근하게 느껴졌다. 귀양 왔을 당시 그의 나이가 오십팔 세였다. 노구의 몸으로 힘든 귀양살이를 십팔 년이나 견디어 냈다는 게 놀라웠다. 주인공 다산 역을 맡은 배우가 다산의 인간적 고뇌를 현실적으로 잘 표현해 주었다. 한양의 정치 세도가이자 명문가인 어른이 하루아침에 이곳 강진으로 귀양을 왔으니 억울하고 분했을 것이다.

다산의 후줄근한 차림새에서 복잡하고도 심란한 심정이 묻어났다. 주모의 툭툭 던지는 유머와 그 속에 담긴 진심 어린 조언이 예사롭지 않았다. 주모가 차려낸 푸짐한 밥상에서 다산은 조금씩 위안을 얻는다. 그를 믿고 따르는 지역민들의 따뜻한 인정이 있었기에 가능했을 것이다. 어쩌면 권모술수 난무한 한양보다 마음 편하고 강진의 수려한 자연환경이 있었기에 더욱 강건하게 지냈으리라. 마당극을 보며 다산의 유배가 오늘날 강진을 다양한 문화 콘텐츠를 가진 마을로 탈바꿈시켰다는 생각이 들었다.

다산이 강진에서 보낸 세월만큼 명소와 일화가 곳곳에 널려 있다. 오늘 여행지인 '백운동 별서정원'도 그중 한 곳이다. 주차장에서 별서정원으로 향하는 왼편에 강진다원이 보였다. 강진 설록다원으로도 불리는 이곳은 월출산 아래 자리한 10만 평 되는 녹차밭이다. 녹차밭 너머로 말로만 듣고 사진으로만 본 월출산 기암괴석 봉우리와 능선이 위풍당당하게 서 있다. 월출산 자락에 연초록 이불을 펼친 듯 푸른 차밭이 우리를 맞는다. 눈이 환해지고 가슴이 벅차 그 자리에서 한참을 바라보았다.

별서정원은 산수가 수려한 곳에 지은 정원으로 원형이 그대로 보존되어 있다. 인근 계곡물을 집 안으로 끌어와 연못에 이르게 하고 다시 자연스럽게 밖으로 흘러나가게 했다. 자연 친화적인 구조로 비밀의 정원이라고도 부른다. 다산 정약용이 이곳을 방문했을 때 아름다운 풍경에 반해 제자 초의에게 〈백운동도〉와 〈다산도〉를 그리게 하였다. 열두 가지 풍경을 시로 지어 〈백운첩〉을 남겼고 승경 시문으로 글을 지었다. 별서정원 툇마루에 앉아 사방 풍광을 바라보며 무념무상으로 오래도록 머물고 싶었다.

남편과 백련사에 갔을 때는 아침 일찍 동백 숲길을 걸었다. 울창한 동백나무가 사찰 입구를 뒤덮고 그 아래 진녹색 숲길을 지나며 신선한 공기와 나무 향에 취했다. 동백꽃이 간간이 피어 있었지만 떨어진 붉은 꽃이 더 많았다. 동백꽃이 절정일 때 꼭 다시 오고 싶었다. 백련사 만세루에서 바라본 풍경은 더 근사했다. 멀리 강진만에는 막 사그라지는 물안개와 반짝이는 윤슬이 어우러져 환상적이었다.

백련사에서 다산초당으로 향하는 숲길을 걸었다. 다산 선생이 초의선사와 함께 많은 이야기를 하며 걸었던 길이다. 기회가 되면 나도 초의선사처럼 꼭 걷고 싶었는데 오늘 그 소원을 풀었다. 연초록 굽이굽이 휘어지는 산길도 아늑하고 정겨웠다. 오르내리는 숲길이 쉽지만은 않아 땀방울이 송골송골 맺혔다. 옛 어른들이 걸었던 길이라 생각하니 잠시나마 조선 시대로 시간 여행을 다녀온 기분이었다.

나의 짧은 견문 말고도 다산의 흔적은 강진 여기저기에 넘치리라. 강진에서 험난한 삶을 이어가면서도 후배 양성과 수많은 저서를 집필할 수 있었던 원동력이 무엇일까. 현실은 받아들이기 힘들었지만 꼿꼿한 자존감과 인내심으로 가능했을 것이다. 무엇보다 강진의 아름다운 산수와 그리고 인정스러운 주민과의 소통이 그의 마음을 열었을 것 같다. 그 깊은 애민愛民 정신이 강진을 향기 짙은 고장으로 꽃피우게 하였다.

집으로 돌아오는 길, 목민심서를 떠올리며 다산 정약용이 살았던 그 시대의 강진을 그려본다.

가을

| autumn |

가을
autumn

바닷가 이야기

　이른 새벽, 눈을 떴다. 어머니 곁이다. 한사코 마다하시던 칠순 잔치였다. 지난밤에는 광안리 바다가 훤히 내려다보이는 뷔페에서 어머니의 푸른 파도 같은 노랫소리를 들었다. 그 소리는 아직도 귓가에 쟁쟁하다. 아들을 먼저 보낸 어머니의 가슴앓이가 고스란히 녹아 파도로 부서지는 듯한 밤이었다. 모든 걸 안고 환한 미소로 답하며 분위기를 한껏 고조시킨 어머니의 저력에 오신 손님들도 함께 웃을 수 있었다. 온 식구가 피곤했는지 모두가 깊은 잠에 빠져 있다. 새벽잠이 없는 어머니도 고른 숨소리를 내니 마음이 놓인다.
　조심조심 잠자리를 빠져나와 새벽 산책을 나섰다. 간간이 내리는 빗줄기가 반갑다. 예전엔 대문만 나서면 바다가 보였는데 주변은 개발이라는 명목으로 매립지로 바뀌었다. 바다를 보려고 지대 높은 아파트 단지로 향했다. 한 발 한 발 내딛는 이곳은 어머니의 안태본이다. 나의 어린 시절 추억이 고스란히 묻혀 있는 길이기도 하다. 아파트 단지 안 외곽도로에 우거진 가로수가 하늘을 향해 서 있고, 그 사이 키 작은 나무들은 담장처럼 길고 빼곡하게 오솔길을 이룬다. 언덕 밑으로 바다와 광안대교가 훤히 보인다. 새벽의 공기를 가르며 소금기 실린 바다 내음이 밀려온다.

어릴 적 외가는 부산에서도 한적한 바닷가였다. 당시에는 지명을 이야기해도 모르는 사람들이 더 많았다. 지금은 인근에 KBS 방송국이 있고 지하철역도 들어섰다. 몇 살쯤인지 기억도 나지 않는 어느 날이었다. 외할머니를 따라 논밭길을 한참 걸어가다 보니 이름도 알 수 없는 잡풀들이 내 키보다 더 웃자라 있었다. 어디가 어디인지 모르고 언덕 위로 갔을 때였다. 물안개가 뿌옇게 가라앉은 하늘 아래 하얀 포말을 일으키며 넓고 허옇게 드러누운 백사장이 보였다. 그곳에서 할머니는 호미로 밭일을 하셨고 나는 언덕에서도 한참을 걸어 내려가는 백사장을 바라보며 혼자 놀았던 기억이 난다.

그 뒤 그 해수욕장이 광안리 해수욕장임을, 언덕은 지금의 수영구청 자리임을 알았다. 지금 그곳은 순수한 정겨움이 사라지고 밤마다 화려하게 치장하고 불야성을 이루는 부산의 요충지이자 큰 관광지가 되었다.

　한번은 할머니께서 찌그러진 양푼을 내 손에 쥐어주며 집 앞 선착장에 가보라 하셨다. 영문도 모르고 선착장에 갔더니 내 또래 애들이 각양각색의 그릇을 들고 우르르 몰려와 있었다. 선착장에는 고깃배가 들어왔고 어부들이 배 가까이에 한 줄로 서서 마주 선 어부들과 그물을 잡아 뒤틀고 있었다. 멸치 배였다. "엿싸! 엿싸!" 하는 구령에 멸치가 은빛 몸뚱이를 튕기며 바닷물에 잠긴 또 하나의 그물로 솟구치고 있었다. 그러는 순간순간 반항의 몸짓으로 녀석들이 선착장 바닥 위로 떨어졌다. 그때다! 꼬맹이들은 잽싸게 달려들어 멸치를 낚아채 그릇에 담고는 은비늘이 묻은 손으로 이마를 훔치기 바빴다. 난생처음 보는 멸치 배에서 멸치 터는 장면에 넋이 나가 바닥에 떨어진 녀석들을 주워 담을 겨를이 없었다. 그러나 얼마 지나지 않아 내 그릇도 채울 수 있었다. 작은 동네라 내가 누구네 집 외손녀인지 금방 알아보았거나, 요즘처럼 인심이 사납지 않기에 배려해 주었는지 싶다.

　개선장군처럼 가득 채워진 양푼을 들고 쏜살같이 달려와 할머니께 내보였다. 할머니는 멸치 비늘도 채 긁지 않고 굵은 소금을 술술 뿌려 아궁이 숯불 석쇠 위에 올려 구우셨다. 뜨거운 열기에 툭툭 튀어나온 허연 살점을 보리밥과 함께 차려주셨다.

할머니와 어머니의 다 토하지 못한 삶의 이야기를 바다는 품고 있다.
그 바다를 보며 내 삶도 그렇게 닮아가고 있는 건 아닐까.

할머니의 보리 밥상이 더 편하고 오래오래 기억에 남아 있다.

　많은 세월이 흐른 후, 시내 쪽에 살다가 할아버지 할머니 돌아가신 후에 외갓집으로 이사하게 되었다. 그때도 돌담에 대문도 없이 바깥만 나서면 바다였다. 선착장에서 멸치 터는 모습은 볼 수 없었지만 크고 작은 배들은 항상 들락거렸다. 얼굴이 새까맣게 그을린 어부들이 그물을 손질하며 선착장을 점령했고, 입구에는 싱싱한 활어를 파는 노점상이 형성되었다. 파도와 부딪치는 선착장 작은 돌 틈에는 손톱만 한 작은 게들이 분주하게 움직였다. 바닥에는 널브러진 불가사리와 성질 급해 튕겨 나온 생선들이 비쩍 말라가고 있었다. 그곳 선착장 끝에 서서 일과처럼 먼바다를 바라보는 것이 나의 유일한 낙이었다. 기분이 좋으면 좋은 대로, 우울할 때는 우울한 대로, 맑은 날은 맑은 대로, 비 내리는 날이면 우산 받쳐 들고는 왜 그곳에 서 있고 싶었는지 모른다.

　그러나 바다 곁이 좋은 곳만은 아니었다. 어느 여름 큰 장맛비가 쏟아지던 날이었다. 집 바로 옆 작은 도랑에 물이 넘치게 흘렀고, 하필이면 만조 때라 바닷물까지 역류해 그 물이 고스란히 집 안으로 들어왔다. 부엌 바닥에 바가지며 양은 냄비 같은 가벼운 물건들이 둥둥 떠오르고 허리쯤까지 물이 차올라 아연실색한 일도 있었다. 수재민의 비애를 그때 경험했다. 비 그친 날 햇볕에 옷가지며 살림살이를 씻어 말리던 기억들이 추억의 저편에서 빙긋이 웃고 있다.

　그래서일까. 지금도 늘 바다가 그립고 깊은 산이나 계곡의 나무와 바람 소리조차 어릴 적에 듣던 푸른 파도 소리로 들린다. 할머니와 어머니의 다 토하지 못한 삶의 이야기를 바다는 품고 있다. 그 바다를 보며 내 삶도 그렇게 닮아가고 있는 건 아닐까.

　아침 햇살이 부챗살처럼 퍼지고 바다는 은빛으로 반짝인다. 기억의 바구니에 다 담지 못한 바닷가 이야기를 남겨두고 어머니 주무시는 곳으로 발걸음을 천천히 옮긴다.

가을
autumn

맛있는 여행

　건조한 일상의 반복으로 조금은 우울할 즈음이었다. 베트남에 사는 지인에게서 한번 다녀가라고 연락이 왔다. 잠시나마 현실에서 탈피하고 싶기도 하고 함께 가는 일행이 있어 용기를 내어 여행하기로 했다.
　몇 해 전 베트남 남쪽 '다낭'을 패키지 관광으로 다녀왔지만 자유 여행은 이번이 처음이다. 우리와 다른 환경에서 사는 이들의 삶을 느끼고 가까이서 볼 수 있는 기회를 마련해 준 그녀가 더없이 고마웠다. 요즘은 이름난 관광지를 찾아다니기보다 맛집 투어가 유행이라 베트남 음식에도 기대가 되었다. 우리와는 식재료가 다른 나라 음식 맛을 평가한다는 게 부담스럽지만 나만의 느낌을 남기고 싶었다.

하노이 공항에 도착한 우리를 그녀가 반갑게 맞아주었다. 김해에서 출발할 때는 추운 날씨였는데 베트남은 기분 좋은 가을 날이었다. 목적지 하이퐁까지는 두 시간쯤 걸린다고 했다. 8인승 스타렉스 안에서 그녀가 숙성된 애플망고를 먹기 좋게 잘라 그릇에 담아 와서 나눠주었다. 아삭하고 달콤한 과즙이 입안에 퍼지면서 베트남에 왔다는 실감이 났다. 생경한 거리 풍경을 바라보면서 몽키바나나도 맛보았다. 언제 이렇게 열대과일을 푸짐하게 먹은 적이 있었던가. 뷔페에서 나오는 냉동 열대과일만 먹다가 신선한 과일을 양껏 먹을 수 있어 설렜다. 이건 시작에 불과했다.

숙소에 짐을 풀고 현지인들이 많이 찾는 맛집으로 향했다. 그녀는 서툰 베트남어로 꼼꼼히 음식을 주문했다. 우리 의견을 하나하나 물어가면서 주문하니 반 시간이나 걸렸다. 우리끼리 왔다면 이런 맛집을 찾아오기도 힘들고 언어불통으로 주문이 쉽지 않았을 것이다. 쌀과자에 담긴 코코넛 채와 달콤 상큼한 소스에 버무린 야채 샐러드, 바삭한 새우튀김이 먼저 나왔다. 처음 맛본 오도리 장아찌는 우리네 간장게장, 새우장과 비슷했다. 먹기 좋게 껍질을 벗겨 예쁘게 장식해 놓으니 입맛을 돋우며 짜지도 않았다. 이어 먹음직한 굴 요리와 특이한 소스가 얹어진 조개구이, 오징어볶음이 나왔고 마지막으로 나온 녹두죽까지 맛나게 먹으며 내내 행복했다.

다음 날 엔뜨산으로 가기 전 숙소에서 가까운 재래시장을 방문했다. 이른 아침인데도 시장은 사람들로 활기를 띠었다. 싱싱한 과일과 소담스러운 꽃, 이제 막 바다에서 잡아 온 팔딱거리는 생선들, 난전 테이블에는 돼지고기 닭고기도 팔고 있었다. 길거리에서 생고기를 아무렇지 않게 파는 풍경을 보면서 어릴 적 보았던 우리네 시장 모습이 떠올라 정겨웠다. 시장에는 주로 열대 과일이 많았다. 선홍빛 과육 '용과', '밋'이라는 과일은 두리안과 비슷하게 생겼고 처음 먹어보는 오묘한 맛이었다. 시장 입구 앉은뱅이 의자에 둘러앉아 맛본 따끈한 육수와 쌀피에 싼 고기만두도 특이했다. 쌀을 맷돌에 갈아 팬에 얇게 구워 돼지고기와 버섯을 넣어 만든 만두가 '반 꾸온 꼬 년'이란 음식임을 늦게야 알았다. 부드러운 식감은 입안에서 씹을 틈도 없이 사라졌다.

엔뜨국립공원에서 케이블카를 타고 중턱까지 올라가며 풍경을 감상했다. 허기지고 피곤할 즈음 내려와서 '엔뜨빌리지' 식당으로 들어갔다. 마치 궁전처럼 꾸며진 우아한 레스토랑이었다. 우리 일행이 오기 전에 베트남 지인은 부근 커피숍까지 사전 탐방을 마쳤기에 바로 안내했다. 셰프의 정성이 든 전통 쌀국수와 비빔 쌀국수, 커리도 색다른 맛이었다.

하롱베이는 언제 보아도 환상적이었다. 투어 유람선으로 여러 섬을 둘러보고 햇살 쏟아지는 2층 선베드에 잠시 누웠는데 피곤했던지 깜빡 잠이 들었다. 옆에서 들으니 코까지 골았다는 이야기에 웃음꽃이 선상 너머 물길로 퍼져 나갔다. 뱃길 투어에서 점심 식사를 마다하고 다시 하이퐁까지 한 시간 동안 승합차로 이동했다. 하이퐁에 있는 맛집에 가기 위해서다. 그곳 식당 '반다 꾸어'는 쌀국수에 고수 상추 박하 등 입맛에 맞는 각종 야채를 양껏 넣어 먹는 현지 음식점이다.

 마지막 날엔 하이퐁에서 하노이로 나왔다. 수도 하노이는 역시 달랐다. 자전거 인파와 함께 관광객이 많았다. 하노이에서 가장 오래된 성요셉 성당은 프랑스 식민지 시절에 노트르담 대성당을 본떠 지은 고딕 양식으로 유명하다. 크리스마스를 앞두고 성탄을 축하하는 현지인들과 관광객들로 발 디딜 틈이 없었다. 마침 다양한 색감의 아오자이 옷을 입은 중년 여인들과 기념사진을 찍었다. 그리고 호엔키엔 호수와 베트남 최초의 대학, 바딘광장, 호치민 박물관 등을 둘러보았다.

 하노이에서 유명한 식당 꽌안 응온(맛있는 집이라는 뜻)은 첫눈에도 맛집다운 분위기였다. 규모가 큰 야외 테이블에는 많은 인파로 북적였고 벽면으로 빙 둘러 개방된 주방에서는 다양한 요리가 쉴 새 없이 만들어져 나왔다. 베트남 음식 하면 쌀국수만 알고 있다가 정체를 알 수 없는 요리가 테이블 위로 수없이 놓였다. 얇고 노란빛이 선명한 우리나라 밀전병 같은 부침개도 나왔다. 양념하여 볶은 소고기 해물에 여러 종류의 채소를 싸 먹는 요리로 '반세오'라는 걸 알았다. 함께 먹는 음식 맛도 맛있지만 좋은 사람들과 함께하는 그 분위기는 최고였다. 식사를 마치고 돌아서 나올 때 몇 번을 뒤돌아봤다.

 마지막 일정인 롯데백화점 호텔 전망대 67층 루프탑에서의 만찬은 두고두고 생각난다. 360도 전망대에서 바라보니 하노이 시내가 야경으로 반짝이고 음악을 들으며 피자와 맥주 한 잔씩 주문했다. 옆 테이블에 앉은 아가씨 넷이 서울에서 왔다며 인사를 했다. 엄마뻘인 우리가 자유 여행 온 것을 알고는 부러움 반 칭찬 반에 환호를 질렀다. 든든한 가이드가 있다는 걸 모르는 아가씨들 앞에서 어깨가 으쓱했다.

 아, 잊을 뻔했다. 지인의 남편이 우리를 위해 하롱베이 풍경이 보이는 해산물 요릿집으로 초대했다. 2층 난간에는 조명이 조롱조롱 매달리고 진홍빛 부겐빌레아꽃이 아래로 늘어져 저물어 가는 석양빛과 멋진 뷰를 이루었다. 그곳 매니저가 직접 음식을 설명하고 친절하게도 고객 입맛에 맞게 요리해줬다. 샐러드, 전복, 낙지탕, 장어요리와 해물죽까지 한국에서도 먹기 힘든 요리를 베트남에서 원없이 먹었다. 남편분 배려 덕분에 베트남 여행은 정점을 찍을 수 있었다.

 한 해를 보내는 아쉬움을 여행으로 달랬다. 초대해 준 지인 덕분에 우리 일행에겐 우아하고 멋진 날이었다. 더군다나 눈과 입, 가슴이 두루 행복했다. 이 글을 쓰는 순간에도 베트남에서 맛본 요리가 눈앞에 선하다.

가을
autumn

메노포즈

 딸아이가 뮤지컬 《메노포즈》 티켓을 준비했다. 중년 여성들이 자연스럽게 겪게 되는 갱년기 증상들을 유쾌한 입담과 흥겨운 노래로 풀어가는 내용이다. 공연이 시작되기 전 옆자리에 앉은 딸이 속삭인다. "이 뮤지컬 보고 중년 남자들이 많이 운대요." 그 말에 곁에 앉은 남편을 흘끔 봤다. 공연을 안 보겠다고 고집을 부리다가 딸의 설득에 동행한 남편이다. 요즘 부쩍 감정 변화가 심한 엄마를 좀 더 이해하라는 딸의 배려이기도 했다. 주위를 둘러보았다. 중년 여성들과 부부 동반, 모녀 등 가족을 동반한 관객이 객석을 꽉 채웠다.
 공연이 시작되면서 TV에서나 봤던 유명 연예인들을 가까이서 볼 수 있어 신기했다. 그들의 생생하고 열정적인 연기 속에 빠져들었다. 공연 전에 들은 딸의 말이 떠올라서 한 번씩 남편 표정을 살폈으나 무덤덤하다. 공연을 보면서 주책맞게 내가 먼저 눈물을 찔끔거렸다.

《메노포즈》는 우리말로 '폐경' 또는 '완경'을 의미한다. 여성의 생식기능이 끝난다는 '폐경'은 종족 번식의 기능을 우선시하는 것 같아 왠지 거북한 느낌이다. 그래선지 요즘은 원숙한 여성에 이른다는 '완경'이라는 말을 더 많이 쓴다.

무대 위 여자들이 내 모습 같다. 언제부터인지 청명하던 하늘이, 또렷하게 보였던 물체가 자꾸만 뿌옇게 보인다. 엉거주춤 팔자로 걷질 않나, 외출하면 시도 때도 없이 찾는 화장실, 어디를 가나 앉을 자리부터 보인다. 발열과 홍조, 기억력 감퇴에다 사소한 일에도 불쑥 화가 솟구치기도 한다. 이런 이상 증세에 혼자 고민했는데 갱년기를 맞은 여자라면 누구나가 겪는 흔한 증상임을 배우들과 함께 호흡하며 깨달았다.

무대 위에서 춤추고 노래하는 배우들을 보는데 오래전 여학교 다닐 때 합창대회가 떠올랐다. 당시 학교에서는 연중행사로 전 학년이 참가하는 교내 합창대회를 열었다. 대회를 앞두고 우린 소프라노, 메조소프라노, 알토 각 파트별로 연습했다. 합창 연습보다는 수다로 시끄러웠으나 막상 노래를 부를 때만은 한마음이 되었다. 무대에 오르는 날 아침에 날달걀을 깨뜨려 먹기도 했다. 우리 반이 등수에 든 적은 없었으나 무대 위에서의 떨림은 지금도 생생하다.

　내게도 그런 꿈 많던 여학교 시절이 있었다. 그때가 엊그제 같은데 쏜살처럼 지나버린 서른과 마흔, 눈 떠보니 쉰을 넘어 예순으로 치닫고 있다. 몸은 야금야금 늙어가는데 슬프게도 마음은 청춘을 부여잡고 더디 따라온다. 가슴은 여전히 소녀 감성으로 길섶 꽃들, 붉게 물든 노을, 높고 푸른 가을하늘에 눈물이 난다.

　가만히 지나온 시절을 돌아본다. 숨 가빴던 순간순간이 주마등처럼 스쳐 간다. 이십 대 후반에 결혼을 시작으로 아내, 엄마, 며느리 역할에 해가 가고 오는 줄도 몰랐다. 아, 나는 한 번이라도 '나'로 살았던 적이 있었던가. 이런 생각이 번쩍 가슴을 치면서 눈물이 핑 돌았다.

　《메노포즈》는 멈춤, 닫힘만을 의미하진 않는다. 한층 성숙된 자아와 새로움에 대한 도전을 뜻한다. 또한 멋있게 늙어가는 시간이 지금부터 주어진 셈이다. 아내여서, 엄마여서, 며느리여서 해보지 못한 일들을 이제부터는 할 수 있다.

　공연을 보며 훌쩍거리다가도 배우들의 익살스런 몸짓과 대화에 웃음바다가 되기도 한다. 중년의 일상이 그대로 녹아 있는 공감의 시간으로 두산아트센터의 《메노포즈》는 그렇게 울리고 웃겼다. 공연 내내 무덤덤한 표정으로 앉아 있던 남편이 공연장을 나올 때 슬쩍 나의 손을 잡는다. 빙그레 웃음이 났다.

가을
autumn

축제는 계속된다

　미스터트롯 공연 티켓이라니! 올해 어버이날 선물로 사위가 재치 있게 예매해 주었다. 나로서는 구하기 힘든 티켓이다.
　설레는 마음으로 공연 당일 서울올림픽공원 내 체조경기장으로 향했다. 처음 가 본 서울 한복판 공원에는 많은 인파로 북적인다. TV 화면으로만 보았던 미스터트롯 출연자들 얼굴이 대형 플래카드에 펼쳐져 있다. 경기장 안에 들어서니 아르바이트생들이 곳곳에 배치되어 일일이 자리를 안내한다. 관객 연령층이 높다 보니 혹 생길지 모를 사고를 대비해서인가. 그 어디서도 볼 수 없는 친절한 안내에 흐뭇해진다.
　공연이 시작되었다. 체조경기장 대형스크린에 화려하고 장엄한 영상이 펼쳐진다. 음악에 따라 잔잔하고 아름다운 영상으로 바뀌기를 거듭한다. TV에서만 보다 실제 현장에서 보는 조명과 영상 기술에 감탄이 절로 나온다. K-팝에 세계가 환호한다는 그 분위기를 실감케 했다. 공연이 진행될수록 관객석은 열기를 더했다. 옆에 앉은 40대 초반으로 보이는 여자도 좋아하는 가수 이름을 새긴 별 모양 응원봉을 쉴 새 없이 바꿔 들며 환호성을 지른다.

갑자기 뒤편에서 웅성거리는 소리가 들려 고개를 돌려보니 어머나! 가수 박지현이 서 있었다. 크림색 양복에 양쪽 어깨 견장과 꽉 조여 맨 허리띠에 반짝이는 의상이 조명 아래 눈이 부시다. 앳된 얼굴에 수줍음이 가득하고 긴장한 표정이 더욱 멋지다. 아! 이래서 스타! 스타! 하는가 보다. 그렇게 몇 초나 지났을까. 경호원에 둘러싸여 곧바로 무대로 올라간다.

무대에 오른 가수들은 열광하는 팬을 위해 최선을 다하는 모습을 보여주었다. 가수는 팬들의 사랑과 성원으로 무대에 서면 힘이 난다고 하지 않던가. 끼와 실력을 온몸으로 보여주는 역동적인 무대였다. 가수들의 표정이며 몸짓, 춤사위는 대형화면으로 클로즈업되어 객석은 열광의 도가니다.

관객들 눈빛이 일제히 무대를 향하고 있다. 예행연습을 한 것처럼 같은 표정으로 환호성을 지르며 앉았다 일어서기를 반복한다. 한 사람도 자리를 이탈하거나 튀는 행동은 하지 않는다. 모두 하나가 되어 손뼉을 치고 탄성을 지르며 응원봉을 흔드는 표정이 행복해 보인다. 유명 가수 콘서트에 가면 젊은 팬들이 떼창을 하며 방방 뛰기도 한다던데 트롯 팬들도 그들 못지않아 보였다.

　객석 팬들은 순간순간 무대에 집중하며 표정이 밝았다. 무엇이 이들을 이토록 신나고 행복하게 만드는 걸까. 우리 세대는 제대로 된 취미나 문화를 즐길 여유가 없었다. 60, 70년대까지 너나 할 것 없이 힘겹게 자랐고 80, 90년대에 결혼해서는 시댁과 친정을 오가며 가정을 지켰고 강한 생활력과 자식을 위해 헌신하며 살았다. 2000년대에 들어서서야 여성 인권신장이며 삶의 처우 개선에 눈을 돌릴 사회적 안정기를 맞았다. 남자들 역시 산업 현장의 역군으로 오로지 회사와 집안의 한 가장으로 숨 가쁘게 달려왔다. 그들이 있어 경제 부흥을 이룰 수 있었다.

　우리 민족에게 큰 축제는 설날과 추석이다. 축제는 화려하고 흥이 넘쳐야 하건만 여자들에게 이날은 노동의 연속이었다. 제사음식 준비와 손님맞이로 피로와 스트레스가 쌓이고 덧쌓였다. 다 함께 즐거워야 할 날이건만 대대로 내려오는 가풍에 순응하며 집안의 노동인으로 살아야만 했다. 그렇게 살아야만 되는 줄 알았다. 축제를 축제답게 즐기지도 못한 세대가 바로 우리였다. 그동안 누적된 억압과 울분이 여기 공연장에서 폭발한 것일까. 체조경기장 드높은 천장을 뚫을 듯한 고함과 북! 북! 북! 하는 응원봉 부딪치는 소리가 한마디로 열광의 도가니다. 어디서 그런 열정들이 쏟아져 나오는 걸까. 글로써 다 표현할 수 없는 광기 그 자체다.

코로나19 감염증이 번지면서 3년 가까이 우리는 사회적 거리를 두어야 했고, 마스크로 갑갑하게 살아야 했다. 코로나 블루라는 우울감을 호소하는 이들도 많았다. 마침내 통제와 격리에서 풀려나 경연장을 찾은 해방감이 열기를 더욱 고조시킨 것이라 여겨진다.

사실 미스터트롯 프로그램을 방영할 때부터 공연장에 꼭 한번 가고 싶었는데 워낙 인기가 많아 번번이 예매에 실패했다. 그 마음을 알게 된 사위가 애써서 표를 구했다고 한다. 최고의 선물이다. 나뿐 아니라 여기 앉은 많은 사람이 자식들이 끊어준 티켓을 들고 왔을 것이다. 요즘 효도는 미스터트롯 티켓이라고 하니 말이다.

공연은 끝이 났고 조금 전 흥분의 도가니는 언제 그랬냐는 듯 거짓말처럼 차분해졌다. 무대 위에서 펼쳐진 가수들의 화려한 춤과 노래, 장쾌한 음향과 영상이 한바탕 축제 마당에 빠져들게 했던 것 같다. 내 안에 가라앉은 삶의 찌꺼기들이 다 빠져나가고 영혼을 털려버린 것 같다. 체조경기장을 빠져나온 아쉬운 걸음들이 에너지 넘치는 일상으로 되돌아갈 것이다. 나는 잘 차려진 커다란 공연 밥상 한 상을 기분 좋게 받아먹고 돌아오는 기분이다.

오늘 축제는 끝났지만 인생의 축제는 계속될 것이다.

가을
autumn

국립중앙박물관을 다녀와서

　국립중앙박물관을 찾았다.

　입춘을 앞둔 꽃샘추위가 야외전시장 관람을 훼방했다. 지난해 일본에서 100년 만에 귀환한 북관대첩비 앞에 서 보리라는 기대감으로 찾았다. 그 사이 전시 기간이 끝나 고궁 박물관으로 옮겨져 아쉬움이 남았다.

　주 건물인 동관은 현대식 시설과 쾌적한 환경으로 관람할 수 있었다. 전시관 1층 으뜸홀로 이어진 통로 좌측에는 역사관, 우측에는 고고관, 2층은 미술관 1·기증관, 3층에는 미술관 2·아시아관으로 골라 볼 수 있게 되었다. 긴 전시실 틈새에는 잠시 쉴 수 있는 휴게실과 앉아 관람할 수 있는 영상실도 마련되어 있었다.

　고고관은 유리처럼 투명하고 한 점 티라도 집어낼 듯 깨끗한 실내 공간이다. 그 안에 고분 즉 무덤에서 나온 퇴색된 피부의 유물들이 자리하고 있었다. 오랜 세월의 결집체를 지녀온 유물들이 최첨단의 시설 안에서 안거하며 고대의 향기를 은은히 품어내는 것이었다.

　구석기, 신석기, 청동기, 초기 철기, 원삼국 시대별로 구분 지어놓은 방마다 다녔다. 불교에서 말하는 윤회와 전생으로 내가 원시시대부터 살았다면 어떤 모습일까. 유물들 한 점 한 점마다 나는 어떻게 이용하였을까. 어설픈 도구 토기마다 수천 년 전의 손길이 묻혀 있을 거라는 생각에 눈길을 쉽게 돌릴 수가 없었다. 고구려인의 기상을 느끼게 하는 고구려 방, 신라금관, 백제금관, 노리개, 관 꾸미개 등의 화려함은 생기가 흐르고 영롱함은 카메라 빛을 거부하는 오만함이 보인다.

　중국이 감추고 숨기려는 우리의 잃어버린 역사 발해에 관한 자료가 눈길을 끌었다. 당시에 확장한 영토가 고구려 땅보다 훨씬 넓고 수도가 다섯 개나 되는 광대한 대륙이 펼쳐졌다. 하지만 지도층과 상류층만 고구려 왕족이다 보니 이민족의 침입 열흘 만에 허망하게 멸망하였다. 이름 없는 백성들과 민초들, 그 민중들의 보이지 않는 힘이 얼마나 큰지 새삼 발해의 흥망성쇠에서 접할 수 있었다.

혼자의 상념에 빠져 아뿔싸! 가족들과 흩어져 혼자 남겨졌다. 수많은 사람과 넓은 전시장 안에서 어떻게 찾을까. 핸드폰이 들어 있는 가방을 남편에게 맡기고 달랑 메모지 한 장만 들고 있었는데 문득, 무한 공간에 혼자 서 있는 듯한 자신을 보았다. 박물관에서 과거와 현재 그리고 미래에 펼쳐질 세계 그 어느 한 모퉁이에 나는 있었다. 왜 여기 이렇게 있을까. 존재의 의미는 무엇일까. 파도에 밀려오는 밀물처럼 상념에 빠진 나는 둥둥거리기 시작했다.

전시관 3분의 일도 채 관람하기 전에 늦은 오후 시간이었다. 간단한 요기를 하며 오늘 박물관에서 느낀 점을 생각해 보았다. 쉬려고 들어간 2층 영상실 관람은 신선한 충격이었다. 조선 시대인 18세기 후반의 세 화가 작품 소개가 있었다. 단원 김홍도, 혜원 신윤복, 김득신의 작품이 영상으로 살아 움직이는 듯 스크랩되어 그림으로 고정되었다. 김홍도의 〈정조현륭원행차〉는 정조가 아버지 사도 세자 능에 혜경궁 홍씨를 모시고 참배하고 오는 그림이다. 당시 왕의 행차에 1,771명 신하와 779필의 말이 원근법과 조감도 형식으로 그려져 있다. 병사 규모와 병사들의 복식, 길가의 백성들, 노파와 아이들의 자유롭고 평화로운 모습이 시간을 200여 년 전으로 되돌리며 세밀한 정밀감을 주었다. 특이한 것은 왕의 말안장까지 그려져 있는데 왕의 모습이 없다는 것이다. 그 이유는 당시에는 옥체를 그리지 않는다는 것이 정답이었다.

　김홍도의 〈경로잔치〉, 신윤복의 해학과 풍자의 〈씨름〉 〈미인도〉 〈월하정인〉, 김득신의 〈병아리 소동〉까지 작품 하나마다 해설과 영상으로 빚어 놓았다. 당시의 경로잔치 상에서 볼 수 있던 풍속도, 유행 의상, 여인네들의 화장술과 장식품인 노리개, 서민들의 생활상을 작품 속에서 낱낱이 집어내어 소개하고 있었다. 사물을 대충 넘기는 나에겐 꼼꼼히 짚어보는 눈길을 배운 날이었다.

　늦은 오후 시간이다. 딸이 말한다.

　"학교에서 초청한 대영박물관 관람도 설명 들으면 서너 시간 이상 걸렸어요. 우리나라 최고의 국립중앙박물관을 몇 시간 만에 다 관람할 수 없을 거예요. 느긋하게 다음을 기약하세요."

　그러고 보니 박물관 규모와 방대한 자료에 다 돌아볼 시간도 없이 훌쩍 지났다. 짧은 하루해를 탓하며 다음 일정으로 더 욕심을 낼 수 없어 아쉽게도 돌아서야 했다.

가을
autumn

옷 벗는 나무

　봄볕이 어깻죽지에 살며시 내려앉는다.
　챙 넓은 모자를 쓰고 마스크와 토시 장갑으로 완전 무장을 한 채 감나무 앞에 다가섰다. 나무는 암갈색 표피를 두르고 거친 힘줄을 불끈거리며 휘어질 듯 우람한 위용을 드러내고 있다. 한 나무에 다가가 박피칼로 등껍질을 스윽 끌어내렸다. 박피칼이 외피를 스치자 한 무더기 껍질이 우수수 떨어진다. 겨우내 나무껍질 속에서 동면하던 병충해도 함께 떨어져 나온다. 내피와 외피 사이에 미세한 공간이 있어 나무 옷을 벗기는 작업이 생각보다 수월하다. 3년마다 감나무 껍질 벗기는 작업을 하고 있다.

감나무를 박피하듯 나에게도 버려야 할 수많은 껍질이 있다.
버려야 할 나의 묵은 껍질을 긁어 버리지 못하고 있는 것은 아닐까.

결혼하고 어설프기만 하던 새댁 시절, 그때 마음을 못 잡던 나를 잘 붙잡아 준 건 감나무였다. 당시 시댁에 도착하여 틈만 나면 집 뒤 텃밭에 올랐다. 동네 풍경이 한눈에 들어오고 감나무 사이로 쏟아지는 햇살과 조롱조롱 매달린 어린 감을 보는 게 좋았다.

시가에서 처음 맞은 봄날이었다. 바쁜 시기인지라 시부모님과 남편은 거름내기, 가지치기로 분주했다. 그나마 수월한 일이라며 나에게 떨어진 숙제는 감나무 각질 벗기기였다. 난생처음 감나무와 맞짱 뜨게 된 것이다. 왜 나무껍질을 벗겨야 하는 일인지. 나무에 상처를 주는 건 아닐까. 이 많은 감나무를 다 벗겨야 하나. 모든 게 의문투성이였지만 새롭고 신기한 시절이었다. 요즘은 앞쪽이 굽고 가벼운 박피기가 있어 손쉽게 벗기는데 그때는 호미나 낫으로 껍질을 벗겼다. 뭉툭한 호미로 그 많은 감나무 껍질을 어떻게 벗겼는지 기억조차 나지 않는다.

온몸이 나무에 찰싹 달라붙어 껍질을 벗긴다. 발꿈치를 들고 최대한 높은 자세이다가 나뭇결 따라 어느새 낮은 자세로 굽어진다. 몸이 나무와 합체가 되어 거리를 조절한다. 오른손이 박피기를 따라 움직이다 보면 왼손은 나무를 지지대로 붙잡고 있게 된다. 넘어지지 않으려 안간힘을 쓰다 보니 어느새 나무가 나를 보호하는 모양새이다. 자칫 일이 서툴러 나무 살점을 찍기도 하지만 이내 나무에서 진물이 나온다. 몸을 보호하여 원상태로 회복되는 나무의 자생력을 생생히 본다. 가려운 곳을 긁어내 묵은 등껍질을 벗기니 나무도 자신의 속을 드러내며 서로 한마음이 되어간다.

지금까지 살면서 수많은 낡은 껍질이 있지만 그걸 나도 보지 못하고 살아오지 않았을까. 나의 무심한 행동과 태도 등이 껍질로 보이진 않았을까. 감나무를 박피하듯 나에게도 버려야 할 수많은 껍질이 있다. 버려야 할 나의 묵은 껍질을 긁어 버리지 못하고 있는 것은 아닐까.

스스로 생존하기 위해 살점이 찢겨나가는 아픔에도 묵묵히 견디는 감나무의 인내심에 경외감마저 든다. 투박한 위용이 점점 매끈하고 순하게 변해 간다. 벗겨진 나무의 파편들이 먼지와 함께 봄 햇살에 반짝이며 허공을 난다.

암갈색 거친 각질을 한 겹 벗겨내니 황금빛 늘씬한 자태가 드러난다. 한여름 햇살 아래의 매끈한 배롱나무를 닮았다. 이런 눈부신 자태를 세상에 드러내고 싶어 얼마나 애타게 주인 손길을 기다렸을까.

시부모님을 이어 2대를 지나는 동안에도 나무들은 여전히 제자리를 지키고 있다. 포근한 봄바람과 뜨거운 햇살, 모진 비바람에도 묵묵하다. 그러면서 가을이면 풍성한 과실을 넉넉히 내어준다. 사람은 바뀌어도 변함없이 튼실한 자태로 서 있는 모습을 볼 때마다 나는 마음이 든든해진다. 시골집을 지키는 진정한 주인은 말 없는 감나무이다.

  어깨에 내려앉은 햇살과 목덜미를 스치는 바람이 훈훈하다. 먼 훗날, 나도 여기 잠시 머물렀다는 흔적만 남기고 사라질 존재이다. 사라진 후에도 오래 이곳에 있을 나무들을 바라보며 나도 봄이 되어 본다.

가을
autumn

독수리와 고성 습지

　람사르 자원봉사를 마친 나에게 달라진 점이 있다면 환경과 습지에 관해 관심을 가지게 되었다는 것이다. TV 자연 다큐멘터리 프로그램은 꼭 시청하게 되었고 물새, 산새 이름이라도 정확히 알려고 한다.
　때마침 2월 2일은 '습지의 날'이라 경남 고성군으로 습지 투어를 했다. 고성은 통영을 오가는 길목에 있고 공룡 엑스포가 열리는 당항포관광지로 널리 알려진 곳이다. 그곳엔 어떤 습지가 있는지 궁금한 마음으로 동참했다.
　도청에서 출발한 지 1시간여 만에 마동호 수문에 도착했다. 마동호는 고성군의 마암면과 동해면의 중간에 있어 두 면의 한

글자씩 따서 부른 호칭이다. 마동호는 당항포관광지 앞 바닷물이 밀물이 되면 민물과 만나는 기수역(=하구역)이다. 염분농도에 적응할 수 있는 생물들의 개체 수가 많아 새들의 먹잇감이 풍부한 연안 지역이다. 또한 넓은 갈대밭이 있어 큰기러기, 혹부리오리, 장다리, 물떼새, 알락해오라기 등 겨울 철새들의 서식지이다. 저어새와 같이 이동하는 새들의 중간 기착지이기도 하다.

마동호를 끼고 걷는 길 오른편에는 갈색의 이탄층이 겹겹이 쌓여 능선을 이룬다. 일제 강점기에 제방을 쌓고 땅을 매립하여 논밭을 일구었다. 길을 만들면서 절단된 부위의 이탄층이 그대로 드러나 있었다. 오래전엔 이곳이 온통 바다였음을 알 수 있었다.

마동호를 걸어서 두호마을에 도착했다. 때마침 마산에서 출발한 버스 한 대가 동네 안으로 들어섰다. 여느 시골 마을처럼 나이 드신 분들만 내렸다. 두호마을의 특색은 오래된 마을 숲이 남아 있다는 것이다. 마동호가 매립되기 전 이곳도 바닷가였기에 윗대 어른들이 방풍림으로 나무를 많이 심었다 한다. 그 덕분으로 마을 안은 100년 이상 된 나무들이 큰 숲을 이루며 사람들의 휴식 공간이 되었다. 전국에서 아름다운 마을 숲 우수상을 받았다는 표지석이 눈길을 끌었다.

독수리 아빠가 있다는 철성중학교 교정으로 들어섰다가 하늘을 뒤덮는 독수리 떼에 입을 다물지 못했다. 몽골에서 서식하는 독수리가 겨울이 되면 우리나라 철원과 파주로 온단다. 그곳 모이 경쟁에서 뒤처진 어린 독수리가 고성까지 내려온 것이다.

환경 문제에 관심이 많았던 김덕성 선생님이 2000년 11월부터 학교 부근 논밭과 야산에 떠돌던 독수리에게 먹이를 주면서부터 '독수리 대부'로 불리었다. 버려지는 돼지나 소의 내장을 앞에 두고 독수리는 먹이 쟁탈전을 벌이고 있었다. 어린 독수리라지만 그 체구가 예닐곱 살 되는 어린아이가 서 있는 것 같았다. 동물원에서나 TV 화면에서만 보던 독수리의 활공을, 거대한 조류의 생존 욕구를 아주 가까이에서 볼 수 있었다. 그 곁에 까치나 까마귀가 독수리의 시선을 무시하고 주인처럼 활개를 쳤다. 날카로운 부리를 가진 맹금류의 위용을 볼 수 없는 것은 그들도 더부살이하는 환경에 적응하는 걸까. 덩치에 어울리지 않게 순해 보이는 독수리를 보는 마음이 짠하기도 하고 한편으로 친근감을 자아내기도 했다.

점심 식사 후 달려간 곳은 대가저수지였다. 대가저수지는 경남에서도 서너 번째 드는 큰 저수지이며 고성의 젖줄이자 생태천이다. 그 물이 흘러 마동호로 내려간다. 대가저수지에는 겨울 철새이며 텃새이기도 한 비오리, 호사비오리, 흰비오리가 있었다. 오리과에 속한 비오리 암수가 나란히 물길질을 하는 모습이 다정한 원앙새 같았다. 짙은 녹색의 수컷과 밝은 갈색의 암컷은 머리 깃이 빗자루같이 생겼다. 여기저기서 미리 준비해 간 망원경으로 비오리 보기에 정신이 없었다.

어느새 짧은 겨울 해는 발목을 잡는다. 대가저수지에서 출발한 버스는 14번 국도에서 옥천사 들어가는 길로 접어들었다. 장산마을 김해 허씨 문중 고택 앞 장산숲은 한겨울인데 우거진 나무들로 깊은 정취를 두었다. 600년 전 조선 태조 무렵 외적의 침입이 심했을 때였다. 이곳의 지형이 당항포 앞바다에서 바로 보였기에 그 결함을 보충하기 위해 허기 선생이 인공 숲을 조성하였다. 숲을 이루고 있는 250여 그루의 나무들은 소태나무, 서어나무, 느티나무, 배롱나무, 긴잎이팝나무, 검노린재나무, 쥐똥나무 등이었다. 숲 안에는 연못과 작은 섬까지 만들어 놓았다.

조선 성종 시절에 허천수 선생이 정자와 연못을 만들어 낚시와 놀이를 즐겼다고 한다. 문득, 보길도에 갔을 때 보았던 윤선도의 세연정과 부용동이 생각났다. 여기도 인공림으로 만들고 정원을 꾸몄으니 옛 선조들의 자연 이용과 그 아름다운 가치를 느끼게 해 주었다.

땅거미가 슬금슬금 장산숲으로 침입하였다. 어둠은 생각보다 빠르게 숲으로 번져왔다. 서둘러 버스에 올랐지만 장산숲의 사계 중 텅 빈 겨울 정취는 아쉬움을 남겼다.

오래전에는 고성도 바다와 갯벌이었다. 사람들은 생존을 위해 매립하여 논밭을 일구고 곳곳에 바람을 막아내는 나무를 심어 후대에 방풍림을 유산으로 남겼다. 그것은 힘든 역경과 고난을 극복하는 지혜였다. 또한 살아가는 방편으로 자연 그대로보다 환경 파괴를 득得과 실失로 조율하는 선조들의 슬기로움이었다. 자연을 사랑하는 자세는 현재·미래에도 필요하다는 것을 고성군 습지 투어에서 새삼 느꼈다.

가을
autumn

은혜받은 산골 마을

　서쪽 하늘에 시커먼 장막이 드리운다. 나지막한 산등성이 너머 잿빛 거인이 성큼성큼 다가온다. 이윽고 후드득 후드득 듣는 빗방울…. 미처 피할 틈도 없이 굵은 빗줄기가 쏟아진다. 호미를 들고 콩밭을 매러 가다가 소나기를 만난 것이다. 집에 되돌아가기도 밭으로 뛰어가기도 어중간한 거리다. 이리저리 잴 새 없이 가까운 버스 정류소로 뛰어들었다. 하루 세 번 마을버스가 지나는 정류소다. 한바탕 소나기 쏟아지려고 눅진한 열기가 한껏 기세를 부렸나 보다.
　갑작스레 만난 소나기로 낭패를 당했다. 비는 사정없이 퍼붓는다. 몰인정하고 배려라곤 하나 없는 냉랭한 사람 같다. 길에서 비를 맞아보는 게 참으로 오랜만이다.

　정류소의 얇은 아크릴 지붕을 두드리는 빗소리가 폭포수처럼 요란하다. 손을 쑥 내밀자 정류소 지붕 처마에서 떨어지는 물줄기가 세차게 내리치는 회초리 같다. 울분 가득한 물줄기는 땅바닥을 치고 다시 솟구치며 숨어 있던 내면을 헤집어낸다. 북쟁이가 신들린 듯 북채를 내리치듯 굵은 빗줄기가 아스팔트 위를 두드린다. 그 두드림에 묘한 쾌감이 일어난다. 가슴 깊이 쌓여 있던 알 수 없는 앙금들이 서서히 회오리를 친다. 언제 한번 내 속을 저토록 시원하게 토해 본 적이 있었던가. 나를 진정으로 돌아본 적이 있던가. 엉킨 앙금을 뭉치고 키웠던 원인은 나에게 있지 않았을까. 긍정적인 사고보다 문제점을 안고 끌어안으려 했던 건 나의 성격 탓이 아닌지. 덮고 이해하고 배려하지 못하는 건 뒤틀린 심사 때문은 아닌지.

　영화 〈웰컴 투 동막골〉에서 여일(강혜정 분)이 빗속을 뱅글뱅글 돌며 춤을 추는 모습이 그려진다. 그녀가 비를 맞으며 미친 듯 춤을 추는 동안 쌓였던 앙금들이 어디로 날아가 버렸는지 가슴이 뻥 뚫리며 시원함을 느낀다. 세찬 물줄기를 바라보는 사이 찌꺼기가 씻긴 듯 여운이 한결 가벼웠다. 그때였다. 도랑에서 개구리 한 마리가 팔딱팔딱 뛰어나와 도로를 뜀뛰기하며 가로지른다. 까르르…. 개구리는 웃고 또 웃는다.

　오후 2시쯤 되었을까. 마을버스가 달려오더니 멈추지도 않고

떨어지는 물줄기가 세차게 내리치는 회초리 같다.
울분 가득한 물줄기는 땅바닥을 치고 다시 솟구치며
숨어 있던 내면을 헤집어낸다.

스쳐 지나간다. 버스 안에는 노인 두어 명이 타고 있다. 타겠다는 신호가 없으니 작은 버스는 점점 차오르는 빗물을 벗어나려는 듯 산 너머 마을로 향하는 언덕배기를 향해 쌩하니 달려간다.

갑자기 하늘에 구멍이라도 난 걸까. 비가 쉬이 그칠 것 같지 않다. 빗줄기가 계속 이렇게 끝없이 퍼붓는다면 어떻게 될까. 땅바닥은 이미 경계가 보이지 않게 물이 차올랐다. 이대로 버스 정류소에 갇혀 오갈 수 없게 되는 건 아닐까 조바심이 났다.

문득 돌아가신 시아버님 생각이 났다. 어느 여름에 엄청난 홍수로 부산 경남 인근 지역이 전부 물에 잠겼고 국도변까지 범람해 시외버스도 다니지 못했다. 그때 시아버님은 볼일 보러 부산에 다녀오시다가 도로가 물에 잠겨 집으로 오지 못하셨다. 경로를 바꿔 부곡행 버스를 타고 부곡에서 산길을 넘어 집으로 오셨다. 그러면서 다른 지역에 큰비가 오고 홍수가 나도 산으로 둘러싸인 우리 마을로만 들어서면 신기하게 비가 그쳤다고 하셨다. 설령 비가 많이 와도 물이 금방 쏙 빠져 침수 피해가 없는 마을이라고 자랑하시던 생각이 난다. 은혜받은 산골 동네는 자연재해를 피해 가는 마을인가 했다. 그러고 보니 시아버님은 틈만 나면 갓 시집온 며느리와 이야기 나누기를 좋아했다. 선대 집안 어르신과 그 자식들이 살아온 마을 이야기를 자주 들려주셨다. 돌이켜보면 타지에서 시집와 어렵고 낯설기만

한 시댁에 어서 친근감을 가지라는 배려였음을 늦게야 알았다.

시아버님을 떠올리는 사이 세차게 퍼붓던 빗줄기가 갑자기 뚝 멈춘다. 순식간의 일이다. 언제 그랬냐는 듯 하늘은 검은 천을 걷고 말갛다. 아스팔트와 논바닥은 아직도 물기가 흥건한데…. 빛나는 햇살에 무지개라도 떴는지 손차양을 하고 둘러본다.

소낙비에 밭두렁이 질척하다. 호미를 든 채 발길을 돌려 집으로 향한다.

가을
autumn

진해의 숨은 멋

　진정한 아름다움은 떠나는 것에 대한 뒷모습이라 했던가. 군항제가 끝난 진해 시가지는 꽃비가 한창이다. 살랑 부는 바람에도 꽃잎은 너울거리며 거리에 뿌려진다. 그 꽃잎 사이로 걸음을 뗄 때면 꽃잎 한 장 한 장을 바구니에 담아두고 싶다. 발길이 뜸한 나무 밑동에는 하얀 꽃잎이 다보록하다. 꽃은 피기 전도 아름답지만 피고 난 후 흩날리는 모습도 아름답다는 것을 진해에 살면서 알게 되었다.
　주말이면 외지에 있는 가족이 집으로 오기에 일주일에 한두 번 진해역으로 배웅 또는 마중을 나간다. 돌아오는 길에 반드시 역에서 직진하여 중원로타리로 향한다. 군항제 기간에는 이

충무공 시가 행렬로 북적이지만 평소에는 거리가 조용하다. 로터리를 천천히 돌면서 시선은 진해우체국을 향한다. 우리 현대사를 가름하는 여러 조형 건축물 중의 하나인 진해우체국은 러시아풍 근대건축물로 일제가 세운 건물이다. 2차세계대전 말기에는 무기 생산할 재료가 부족하여 지붕의 동판과 난간까지 징발했고 1984년 복원하여 사적 291호로 남아 있다.

진해우체국 건물에 눈길을 주다가 해군사관학교 쪽 남원로터리로 향한다. 남원로터리에는 김구 선생 친필 시비가 있다. 광복 이듬해 김구 선생이 진해를 방문한 기념으로 이순신 장군 시를 글로 남겼다.

誓海漁龍動 盟山草木知 서해어룡동 맹산초목지
바다에 맹세하니 고기와 용이 움직이고
산천에 맹세하니 초목이 알더라

처음에는 북원로터리에 세워졌다가 이승만 대통령 재임 기간에는 진해역 부근에 버려졌고 하야한 후에 현 위치에 세워졌다고 한다. 지금은 화단으로 꾸민 꽃 속에 파묻혀 있지만 우리 근대사 아픈 상처가 새겨져 있는 것 같아 그 앞을 지날 때면 마음이 숙연해진다. 선생은 어떤 마음으로 충무공의 시를 썼을까.

살다 보니 차츰 진해의 매력에 빠져든다.
맑은 공기와 푸른 바다가 가까이 있고 따뜻한 겨울을 보낼 수 있는 곳이다.
봄소식을 가장 먼저 터트리는 벚꽃과
그 꽃잎이 훌훌 떠나는 뒷모습조차 사랑스러운 도시이다.

이어 속천항으로 차를 돌려 나온다. 탁 트인 진해만 앞바다가 펼쳐지고 진해에서 거제까지를 잇는 연안여객선 터미널 앞을 지난다. 바다가 보이는 진해루 맞은편 담장 한가운데 해병 초소 정문이 있다. 지난해 5월 이곳 부대에 입대한 친구 아들과 친구가 생각이 난다. 진해에 산다는 특혜로 가족 친지만 참석한다는 입소식을 보러 해군교육사령부에 들어갈 수 있었다. 군인들 생필품을 전시한 걸 보다가 시식용 건빵을 보며 두 눈에서 눈물을 글썽이던 모자母子의 모습이 생생하다. 지금은 친구 아들이 군 복무를 잘하고 있다는 소식이다.

이른 새벽에 들리는 닭 울음소리는 한동안 의문이었다. 높은 고층아파트 어디에서 닭을 키우는 걸까. 곧 의문은 풀렸다. 베란다 창밖으로 펼쳐진 시루봉 능선 아래 녹지 주거지역에서 들리는 소리였다. 새벽 공기를 가르고 닭 울음소리가 멀리까지 울려 퍼진 것이다.

이렇듯 진해는 도시와 시골의 정경이 어울린 곳이다. 그러고 보니 진해로 이사 온 지 벌써 3년이 되었다. 창원에서 20년 살다가 진해로 이사와 처음엔 낯선 곳에 버려진 이방인 같았다. 살다 보니 차츰 진해의 매력에 빠져든다. 맑은 공기와 푸른 바다가 가까이 있고 따뜻한 겨울을 보낼 수 있는 곳이다. 화려하지도 그렇다고 지나치게 낙후되지도 않은 현재와 공존하고 미래를 꿈꿀 수 있는 곳이다. 무엇보다 봄소식을 가장 먼저 터트리는 벚꽃과 그 꽃잎이 훌훌 떠나는 뒷모습조차 사랑스러운 도시이다.

친구가 진해에 오면 여좌동 내수면연구소 생태공원으로 안내한다. 그곳에 갈 때마다 맑은 수면 위에 평지산이 반영으로 누워 있다. 호수를 둘러싼 500년 이상 묵은 팽나무, 단풍나무, 버드나무, 고목들은 이 고장의 오랜 역사를 증명한다. 바다를 낀 내륙의 호수는 쉼 없이 산소를 공급하는 폐활량 높은 허파다. 맑은 공기를 머금고 다녀간 그들이 진해의 숨은 멋을 기억해 주길 바라본다.

가을
autumn

아버지와 아들

 장마가 길게 이어지던 주말 오후였다. 잠깐 갠 날씨라 짬을 내어 율하천을 걷다가 맞은편에서 걸어오는 사십 대 초반의 남자와 소년을 마주쳤다. 둥글납작한 인상의 남자 옆을 따라오며 연신 조잘거리는 소년은 초등학교 3~4학년쯤 되어 보였다. 얼핏 보아 부자간인 듯했다. 나이 차가 아니라면 쌍둥이로 착각할 정도로 소년은 남자 얼굴을 빼닮았다는 생각이 스친다. 세상에 붕어빵이라도 저리 닮은 붕어빵이 있을까 싶었다. 친구처럼 정답게 이야기하는 그들을 지나치면서 다시 한번 돌아보며 빙그레 웃음을 보냈다.
 오래전 식당에서 만난 어느 아버지와 아들의 모습이 떠올랐다. 옆자리에 육십 대 초로의 아버지와 삼십 대 초반의 아들이 마주 앉아 식사하고 있었다. 첫눈에도 아버지는 점잖고 어딘지 모르게 고상한 분위기를 풍겼다. 아들 또한 서글서글한 눈매에 아버지가 권하는 술잔을 고개를 돌려 조심스레 받아 마시곤 했다. 아들은 아버지의 이야기에 귀 기울이고 간간이 대답했다. 무슨 이야기를 나누는지는 알 수 없지만 둘의 분위기는 다정하고 훈훈해 보였다. 그 모습이 자연스럽고 아름다워 내 머릿속에서 지워지지 않고 아직도 생생히 남아 있다.

 아버지와 아들 간에 외모뿐만 아니라 성장까지 함께 무르익어가면 얼마나 정겨울까. 자식을 키우면서 부자간 애정의 거리에 틈이 생기는 것을 보고 안타까워하는 마음이 들 때가 있다.

 에티오피아로 보름간 여행 중에 겪은 일이다. 마침 군대에서 전역한 아들과 함께했다. 어디서나 유쾌한 성격이라 나에게도 든든한 동행자였다. 일행 여섯 명은 처음 보는 사람들이었다. 다양한 연령층에 살아온 환경이 달랐지만 낯선 곳을 여행하면서 친분을 쌓았다. 저녁 식사를 마치면 그날의 후일담과 소감을 함께 나누었다. 그날도 다양한 이야기를 나누는 도중에 아버지에 관한 주제로 이야기가 나왔다. 돌아가면서 이야기를 나누는데 아들 차례가 되었다. 그런데 생각지도 않게 녀석은 한동안 침묵하면서 말을 꺼내지 못하는 것이다. 결국에는 덩치에 어울리지 않게 감정에 북받쳐 울먹이더니 끝내 함구무언이었다.

　남편은 대기업 평사원으로 입사하여 부장까지 승진하였다. 누구보다 성실했고 업무에도 남달리 높은 실적을 올렸다. 한 시간 전에 출근하여 하루 업무를 준비했다. 그렇다고 해서 부하 직원들에게 고리타분한 상사는 더욱 아니었다. 주변 직원들과 교류도 좋아 퇴직한 요즘도 자주 연락을 나누곤 한다. 아들은 온실 안 화초처럼 자랐다. 큰 파고 없이 하고 싶은 일은 최대한 할 수 있도록 부모가 배려했다. 그래서인지 성격이 밝고 어디서든 잘 어울렸다. 엄마에게도 연한 배처럼 늘 사근사근한 아들이었다.

　아버지와 아들의 갈등이 시작된 건 대학에 입학하고서였다. 남편은 교과서적이고 모범적인 일상을 항상 주장하였다. 자신이 그어놓은 일정한 선까지 자식이 따라오길 원했을지도 모른다. 아들은 처음에는 순순히 따랐지만 아버지의 관심과 주장에 어느 때부터인가 부담을 느껴 반기를 들기 시작했다. 서로의 생활방식에서 벗어나지 못했고 시간이 흐르면서 불통이 되어버렸다. 우리 세대가 바라보는 반듯한 사고방식을 아들은 귓등으로 흘렸다. 그러다 보니 어느 사이 남편의 말이 잔소리로 들린 게 아닌가 싶다. 여러 번 같은 상황이 반복되다 보니 격한 갈등으로 집 안은 냉기가 감돌았다. 아들은 어느샌가 말수가 줄어들고 가족이 모인 자리는 피했다. 자신에 관한 일은 혼자 처리하고 꼭 하고 싶은 이야기는 엄마에게 슬쩍 던졌다.

에티오피아에서 '아버지'라는 단어에 감정이 몹시 흔들리던 아들을 조금이나마 이해해 보려고 했다. 아버지 기대에 미치지 못한 못난 아들이지만 누구보다 아버지를 존경하고 좋아한다며 엄마에게 털어놓은 적이 있는 순하고 착한 아들이다.

갈등을 겪는 남편과 아들을 지켜보며 안타까운 마음에 관련 부자에 관한 서적을 찾아 읽어 보기도 했다. 여자인 나도 20대를 겪으면서 미래에 대한 불안과 걱정으로 고민한 적이 많았다. 하물며 요즘처럼 각박하고 치열한 경쟁 구도에서 남자들이 겪는 고민은 오죽할까 싶었다.

간혹 뉴스에서 유명 정치인이나 연예인이 자식 문제로 입방아에 오르내릴 적마다 나도 그들 입장이 되어 보려고 했다. 세상 꿀릴 것 없이 자라서 천방지축일까. 가정교육이 잘못된 걸까. 자식은 부모가 바라는 대로 다 성공해야 하는가. 무엇보다 올바른 주관을 가지고 당당히 홀로서기 바라는 게 부모의 마음이 아닐까.

그날 식당에서 바라본 부자의 모습이 오래 남아 있는 건 그들의 외관이나 대화 내용이 근사해서가 아니다. 아버지와 허물없이 대화하고 의견을 주고받는 모습이 자연스럽고 행복해 보여서다. 왜 우리는 자기 이야기를 더 많이 하고 내 말을 내세우는 것일까. 상대방 말을 충분히 들어주고 그 말 속에서 길을 찾아내는 게 어려운 일일까.

　요즘 젊은 아빠들은 자녀와 함께 많은 시간을 보내고 지자체에서도 좋은 아빠 되기 프로그램을 운영한다고 들었다. 이런 노력이 쭉 이어져서 청소년기, 청년기에도 서로 서먹하지 않고 친구 같은 부자 사이가 되었으면 하는 마음이다.

　율하천을 걷는 젊은 아빠와 아들의 다정한 모습을 보면서 많은 생각들이 떠오른 하루였다.

가을
autumn

도둑맞은 선인장

늦가을이었다. 1층 현관 입구 옆 수돗가에 있던 선인장이 보이지 않았다. 처음에는 가족 중 누가 집 안에 들여놓았나 보다 생각했는데 그게 아니었다.

누군가 들고 간 것 같았다. 선인장은 키가 큰 '귀면각선인장'으로 성인 어깨높이만큼 컸다. 무게감은 없지만 가시가 사방에 돋아 있기에 신문지나 두꺼운 종이로 감아서 어깨에 걸치고 옮겨야 한다. 어쩌다 스치기만 해도 가시에 찔리곤 했다. 큰 키에 모양새가 근사해 보는 사람마다 멋지다고 감탄한 녀석인데 대체 어디로 사라진 것일까. 때마침 집에 CCTV를 설치해 놓았기에 없어진 날짜와 시간을 짐작하여 추적에 나섰다.

화면 속에서 모습이 포착되었다. 승합차 한 대가 집 주변을 맴돌고 두리번거리더니 수돗가 부근에 차를 세웠다. 돌계단 난간에 넘어지지 말라고 묶어둔 선인장 끈을 라이트 불로 지져내고는 얼른 들고 차에 싣는 모습이 그대로 찍혔다. 안타깝게도 화질이 선명치 않아 차량 번호까지는 확인되질 않았다. 소식을 들은 이웃들은, 이구동성으로 키우는 화분을 마음대로 가져간다면 어느 집이고 당할 수 있으니 범인을 찾아야 한다며 소리를 쳤다. 며칠을 고심하다가 가족들과 상의하여 파출소에 신고했다. 경찰관이 와서 CCTV를 확인하더니 바로 경찰서로 연락하였다. 그러자 본서에서 형사 여러 명이 들이닥쳤다. 순간, 별것 아닌 선인장 화분으로 일이 크게 확대되지 않을까 은근히 걱정되었다. 그러나 확실한 증거가 있으니 예방 차원에서도 꼭 신고해야 한다고 형사들이 설득했다. 신고서를 작성하면서도 마음이 편치 않았다.

 귀면각선인장은 5년 이상 나와 동거를 했다. 주택으로 이사 오기 전 아파트에 거주할 때였다. 아파트 화단을 자신의 정원처럼 꾸며 놓고 수많은 종류의 나무들을 키우시던 할머니가 계셨다. 누군가 키우다 싫증 나서 버리거나 시들어 버린 식물은 다시 할머니가 주워 키우면 신기하리만큼 생생하게 살아나는 것이다. 어느 늦가을, 할머님은 화단에 자라던 나무 화분들을 전부 집 안으로 옮기는 작업을 하고 있었다. 우연히 지나가다가 그 모습을 보고 그냥 지나칠 수 없어 같이 옮겨드렸다. 그때 성벽처럼 맨 뒤쪽에 세워져 있던 귀면각선인장을 처음 보았다. 신기해했더니 키워보라며 작은 선인장을 떼어 건네주었다. 그렇게 나에게 온 선인장은 있는 듯 없는 듯 물만 주어도 잘 자라준 것이다. 이사로 옮길 때는 너무 키가 크고 가시 때문에 힘이 들었다. 하지만 현관 앞에 당당히 서 있는 모습이 우리 집 지킴이처럼 든든했다.

시간이 흐르고 2~3주쯤 지난 어느 날 경찰서 담당자로부터 전화가 왔다. 도로변 방범 CCTV로 범인을 잡았다고 한다. 다행인 것은 초범이고 꽃을 사랑하는 사람인데 그날은 지나가다가 선인장이 추워 얼어 죽을 것 같아 가져갔다고 한다. 범인의 집안은 온통 꽃과 나무로 장식되어 있더라고 덧붙인다.

그날 1층에 있던 화분은 총 세 개였다. 사라진 화분은 2개로 귀면각선인장과 또 하나는 사기 화분에 심어 둔 연꽃이었다. 연꽃도 몇 년 전 전라도 무안 백련축제에 가서 사 온 씨앗에서 발아한 것이다. 연꽃은 집안보다 밖에서 비바람 햇볕을 받아야 잘 자란다고 해서 내어놓은 것이다. 또 한 나무는 무화과나무였다. 이웃 동네 주택조합에서 새 아파트를 짓는다고 마을을 허물면서 동네에 심겨 있던 나무를 옮겨와 심었는데 그 무화과나무는 두고 간 것이었다.

어찌됐든 나의 실수였다. 늦가을에서 초겨울에 접어들 때까지 미적거리다가 이런 일이 일어난 것이다. 꽃을 사랑하는 아파트 할머니는 곧 닥칠 추위에 자신에게 힘이 벅찰 정도로 화분들을 집 안이 비좁도록 옮기고 옮겼다고 한다. 겨우내 자신의 품 안에서 키우다가 봄이면 다들 화단에 내어놓을 것이다.

  선인장이 불쌍하다며 가져간 아저씨도 필경 가시에 여러 번 찔렸을 것이다. 그래도 집에 가져다 놓으면서 얼지 않게 되었음을 안도했을까. 선인장은 오히려 주인인 나를 원망했을지 모르겠다. 소유만 했다고 주인이 될 수 있을까. 그냥 모르는 척했으면, 아니 CCTV 추적만 하고 신고하지 않았으면 좋지 않았을까 하는 생각이 들었다. 추위에 오돌오돌 떨고 있는 선인장과 연꽃에 애정과 관심을 가지는 사람이면 갖고 가도 나쁘지 않았겠나 싶다.

  선인장 사건으로 바쁜 일도 많았을 경찰관들에게 수고를 끼쳤다는 생각이 들었다.

겨울

| winter |

겨울
winter

고목의 변신

 태풍과 한판 씨름에 무참히 쓰러진 고목이다.
 태풍 볼라벤이 지나간 후였다. 시골길 어귀에 든든히 서 있던 고목이 사라졌다기에 깜짝 놀라 달려갔더니 사방으로 흩어진 파편들과 함께 나무가 누워 있었다. 두세 사람은 안아야 할 정도의 몸통이 속은 다 드러나고 뿌리는 통째로 뽑혀 나뒹굴었다. 텅 빈 나무 속을 들여다보고서야 쓰러진 원인을 알 수 있었다. 몇 년 전, 탄탄했던 나무둥치 한쪽이 태풍 매미의 충격으로 조금씩 말라가더니 아무도 모르게 그 속은 썩어가고 있었던 것이다.
 고목의 정확한 나이는 모른다. 동네 어른들께 들은 귀동냥으

론 수령 250여 년 정도란다. 산골 마을 논밭으로 들어가는 길목에 서 있던 정자나무는 마을의 유일한 쉼터였다. 모심기 철에는 누구나 우거진 나무 그늘에 모여 앉아 새참을 나눠 먹었다. 밭일하다가 힘이 들라치면 멀리 있는 그 나무를 쳐다보곤 했다. 초록 잎 무성한 나무가 어서 일 끝내고 그늘에 와서 쉬어라! 부르는 것 같았다. 한여름 땡볕에는 지나가던 외지인도 그늘에 이끌려 차를 세우고 잠시 휴식을 취하였다.

새댁 시절, 시가에서 울고 보채는 아이를 업고 천천히 걸어와 나무 밑에서 서성였다. 하늘이 보이지 않을 정도로 무성한 나뭇잎이 바람에 살짝 흔들리면 아기도 기분이 좋은지 까르르 웃기도 했다. 울적한 날에 나무 둥지 아래 서 있으면 포근히 안아주는 듯하여 우울했던 기분이 금세 풀렸다. 비 오는 날은 커다란 우산을 들고 고목 아래 서서 나뭇잎의 흐느낌 같은 빗소리를 들었다. 그러고 보니 언제부터인가 고목은 내 삶의 일부가 되어 있었다.

자원봉사 단체에서 '정혜원'으로 자원봉사를 갔다. 봉사자들은 각기 맡은 구역으로 흩어졌다. 내가 맡은 일은 목욕 봉사였다. 목욕실 입구에는 할머니들이 휠체어에 앉아 옷을 벗은 채로 차례를 기다리고 있었다. 순서가 된 할머니에게 먼저 따뜻한 물로 온몸을 씻긴 후 머리를 감기고 때를 벗겨드렸다. 2인 1조로 나는 하반신을 씻기게 되었다. 허벅지와 종아리, 발바닥

나무가 변함없이 제자리를 지키고 서 있을 것 같지만
태풍이라는 자연의 재해에 쓰러진 것처럼 모든 게 영원히 지속될 수는 없으리라.

을 때 수건으로 밀었다. 혼자 움직일 수도 없어 침대에만 누웠으니 씻지 못하는 답답함을 풀어 드리고자 발가락 사이사이까지 정성껏 씻어 드렸다. 할머니는 알몸을 내보인다는 수치심 때문인지 몸을 더 웅크리고 손가락, 발가락을 풀지 않았다. 노련한 팀장은 익살스런 말투와 유머로 할머니의 마음을 풀고자 하였다. 할머니들의 반응은 각기 달랐다. 자연스레 손길 가는 대로 몸을 맡기는 분이 있는가 하면 석고상처럼 온몸이 딱딱해지는 분들도 계셨다. 헹굼 물로 마무리하면 다른 팀원이 수건으로 온몸을 감싸고 방으로 옮겨 머리를 말리고 옷을 입힌다. 목욕 봉사를 다 마칠 무렵 할머니 한 분이 나가시며 말씀하셨다. "아이고! 개운타! 수고했어요."

정혜원에서 연세가 가장 많은 분이 105세였다. 대부분 80, 90세로 병이 깊고 연로하신 분들이 모여 생활하고 있었다. 목욕을 마치고 깨끗하게 옷을 갈아입은 할머니 몇 분을 휠체어로 정원에 모셨다. 기분이 좋은 할머니들이 정원 연못가에서 신나게 가요를 부르셨다. 아직도 목소리가 정정한 그분들을 뵈니 젊고 건강했을 때의 모습이 그려졌다. 당당한 사회 구성원의 한 사람으로, 누군가의 부모로 치열하게 살아왔을 것이다. 세월 앞에는 장사가 없다고 이제는 노쇠하여 누워 있는 시간이 많아졌다. 10년, 20년 후의 내 모습은 아닌지. 자신의 몸을 남들에게 의지한 채 살아가는 저분들은 어떤 마음일까. 저 순간이 나에게 온다면 나는 어떻게 할까.

  나무가 변함없이 제자리를 지키고 서 있을 것 같지만 태풍이라는 자연의 재해에 쓰러진 것처럼 모든 게 영원히 지속될 수는 없으리라. 젊음으로 활동하고 있을 때는 영원할 듯하여 현재의 시간을 헛되이 보내지는 않았는지, 마냥 누워만 있어야 한다고 생각을 하니 온몸이 시려왔다. 누워 계신 어르신들과 눕혀진 고목이 겹치면서 일정을 마치고 돌아오는 길은 몹시 숙연해졌다.

  고목이 쓰러지고 얼마 후 나무공예가가 달려왔다. 그는 고목을 예술 작품으로 만든다며 나무를 해체해서 싣고 갔다. 지금쯤 고목은 멋진 작품으로 다시 태어나 있을 것이다. 하지만 아직도 시골에 가면 나는 고목의 빈자리를 둘러본다. 그루터기만 남은 그 자리를.

겨울
winter

평창 물대포 놀이

 행사장 입구에 들어설 때만 해도 여느 축제와 별반 다르지 않았다. 그늘막에 자리를 잡자마자 갑자기 물대포가 펑! 펑! 소리를 내며 하늘에서 물보라가 쏟아졌다. 팔월 뜨거운 열기는 순식간에 사라졌다. 양동이 물 폭탄 프로그램이 진행되고 있었다. 플라스틱 의자에 앉으면 머리 위로 양동이 물이 쏟아졌다. 물세례에 사람들은 상큼한 비명을 지르고 사회자는 넉살 좋고 입담 좋게 분위기를 이끌었다.

 올 여름휴가에 자녀들이 우리 부부를 초대한 곳은 강원도 평창, 더위 사냥 축제 현장이었다. 칠월 말에 시작하여 팔월 초까지 축제 기간이라 하였다. 계절에 맞게 아이들과 젊은 부부들이 마음껏 즐길 수 있는 곳이었다. 어른들을 위한 냉 족욕탕도 있었다. 물속에 발을 담그니 차디찬 냉기가 올라와 무더위는 어느새 달아나 버렸다. 족욕을 하면서 그늘막 밖 풍경을 구경하는 것도 재미있었다. 물대포를 5분마다 쏘아댔다. 그때마다 물보라가 영롱한 무지갯빛으로 가득하고 하늘은 어느샌가 촉촉한 잿빛이 되었다.

행사장의 클라이맥스는 '광천 신령'과 '땀띠 귀신'들과의 한판 물싸움이었다. 붉은 망토를 걸친 땀띠 귀신들이 먼저 싸움을 걸었다. 스피커에서 굵직한 목소리로 "오늘 너희들에게 달려가 땀띠의 맛을 보여 주마!"고 소리치면 광천 신령과 관객들이 한 패가 되어 땀띠 귀신들과 물총 싸움을 시작하였다. 신나는 음악이 들리고 어린아이, 청년, 젊은 엄마 아빠가 땀띠 귀신에게 물총을 쏘았다. 이리저리 추격전이 펼쳐지고 무대 위로 오르고 온통 물범벅을 이루었다. 물총의 물이 다 소진되면 귀신을 몰아내었다는 광천 신령의 선언이 울려 퍼졌다. 이에 다 함께 흥겨운 음악에 춤을 추면서 축제는 절정에 이르렀다. 물총 싸움이 끝나면 아이들은 또 다른 물놀이로 이동하여 수영도 하고 미끄럼을 탔다.

맛있는 먹거리도 빠질 수 없었다. 참가비만 내면 누구나 송어잡이를 할 수 있었다. 먼저 어린이들이 용감하게 물속으로 들어가는데 팔딱거리는 송어를 무서워하고 쉽게 잡지 못하였다. 2차로 뛰어든 엄마 아빠 손에 마침내 송어가 잡혔다. 송어는 1인당 한 마리만 잡을 수 있었다. 준비된 화덕에 송어를 맡기면 바로 구워 주었다. 물놀이를 잠시 멈추고 휴식을 취하는 시간이다. 송어에겐 미안하지만 잘 구워진 붉은 속살 송어를 맛보았다. '엄지척!'이었다.

여름맞이 행사로 다양한 축제가 있다. 보령 머드 축제, 화천 토마토 축제 등이 있었지만 온전히 물로만 치르는 행사는 처음이었다. 거기다 강원도 평창군 금당계곡에서 흘러와 대화면 마을 앞으로 흐르는 강물은 더없이 맑고 시원했다. 강을 가로지르는 다리를 건너 마련된 더위 사냥 축제장은 최적의 장소였다. 더구나 올해 7월에 내린 장맛비로 물이 넘치도록 풍성했다.

축제장에서 아이들과 아빠가 함께 물풍선을 터뜨리고 물총싸움도 하였다. 흥겨운 음악에 가족과 연인들이 신나게 춤을 추는 모습을 보는 것만으로도 흥겨웠다. 내 옆에 있던 외국인들도 떡볶이와 닭강정을 맛있게 먹어가며 허물없이 즐겼다. 젊은이들과 흥겹게 어울리는 순간만큼은 자신의 젊은 시절로 돌아간 듯 보였다.

휴가를 끝내고 집으로 돌아왔다. 올해는 유난스레 무더위가 끝을 보이지 않는다. 이글거리는 햇살을 보니 현관 밖을 나가기가 두렵다. 그렇다고 집 안도 시원하질 않다. 후덥지근한 공기가 온몸에 딱 달라붙어 찐득한 땀범벅이다. 그럴 때면 평창의 물대포가 생각난다. 펑! 펑! 펑! 하늘에서 쏟아지는 물보라를 얼굴에 맞으며 싱그러웠던 날의 웃음소리가 그립다. 더위사냥, 그곳으로 또 달려가고 싶다.

겨울
winter

춘양에서 만난 가을

　시월 초에 가락문학회 기행을 떠났다. 반복되는 일상을 툭툭 털어내고 떠나는 여행은 무작정 좋다. 기행에 대한 기대감으로 '만남의 광장'에 모인 일행은 서로 반가운 인사를 건넨다. 버스는 정확히 07시에 출발이다. 가면서 한전 앞과 중리에서 기다리는 동인들을 태우고 간다.
　달리는 차 안에서 부회장님이 오늘 답사 안내를 해준다. 우리가 갈 길을 지도로 검색하며 여행 분위기에 젖어본다. 경상북도 봉화군 춘양면은 강원도와 경계를 이루는 깊은 산골이다. 그 오지, 태백산맥과 소백산맥 산줄기가 갈라지는 '양백지간' 서벽리에 '백두대간수목원'이 첫 답사지이다. 겨울이면 추위가 매서운 곳이라 '한국의 시베리아'라고 불리기도 하는 곳이란다.

　휴게소에 잠시 들렀을 뿐 숨 가쁘게 달려온 버스는 수목원 주차장에 일행을 내려놓는다. 선선한 가을바람이 기분 좋게 안겨든다. 주변은 나지막한 산으로 둘러쳐 있어 왠지 정겨움이 든다. 산야에 살짝살짝 물든 단풍빛이 햇살 아래 선명하다. 덥지도 차지도 않는 날씨에 부드러운 햇살과 살랑이는 바람결이 오늘 여행지에 대한 기대감으로 부푼다.

　입구에서 수목원 가이드의 설명을 듣고 수학여행 온 학생들처럼 전기 트램을 탄다. 수목원 깊숙이 있는 트램 종착역에 내려 주 동선을 걷기 시작한다. 단풍정원을 지나고 전망대 숲길과 야생화 언덕으로 천천히 이동하며 '호랑이숲'까지 걷는 코스다. 흔히 '수목원' 하면 숲이 우거진 풍경을 상상하게 되는데 우리가 걷는 임도는 맑은 하늘을 바라보며 걷는 길이다. 사방이 트여 각양각색의 야생화도 볼 수 있으니 눈이 황홀하고 발걸음은 더 가볍다. 서로 앞서거니 뒤서거니 자분자분 나눈 이야기에 정겨움이 묻어난다. 단체 여행의 즐거움이 이런 게 아닐까.

　멀리서 눈에 띄는 붉은 열매가 보인다. 어른 손가락 한 마디 같은 크기의 열매가 무엇인지 궁금했는데 '산딸나무' 열매란다. 봄이면 우리 동네 '율하천'에 핀 십자형 흰 꽃은 보지만 열매를 만나기는 처음이다. 왜 산딸나무라 하는지 알 것 같다. 붉고 소담스러운 열매가 딸기 모양이라서 '산딸나무'라 이름 지었나 보다. 내가 사는 율하의 산딸나무는 왜 이런 열매를 볼 수 없을까. 수목원 사람들의 정성으로 꽉 찬 열매를 맺은 걸까. 잘 익은 산딸나무 열매를 수목원에서 본 것만으로도 여행의 일부 목적이 달성된 느낌이다. 문득 저 붉은 열매를 따서 잼을 만들었으면 좋겠다는 생각이 든다.

 야생화 언덕을 오르는 오른편에 물푸레나무과 '들메나무'가 보인다. 사방이 확 트인 언덕배기에 홀로 고고히 서 있다. 아직 청소년티가 나는 저 나무는 무슨 생각을 하고 있을까. 내가 다음에 한 번 더 이곳에 온다면 어떻게 자랐을지 궁금해진다. 노거수가 될 때까지 한자리를 지키고 긴 세월을 안고 살아가겠지. 한쪽 나뭇잎이 조금씩 노랗게 물들어 가는 나무가 어쩐지 자꾸 눈길이 간다. 한 컷 사진을 남긴다. 전망대를 지나 자작나무숲을 걸을 때는 이국에 온 듯한 정취를 맛보기도 한다.

 마침내 '호랑이숲'에 도착한다. 이곳이 수목원 관광의 클라이맥스인가. 드문드문 보이던 관람객들이 모두 여기로 모인 듯하다. 높은 안전 펜스를 사이에 두고 두 마리의 호랑이와 조우한다. 호랑이가 야행성 동물임을 몸소 보여주기라도 하듯 한 마리는 관람객의 시선을 아랑곳하지 않고 푹 퍼져 자고 있다. 다른 한 마리는 사람들의 시선을 무시한 채 유유자적 산책길 동선을 거닐고 있다. 쩌렁쩌렁한 포효는 없어도 백두산 호랑이의 당당한 모습만으로 찌릿한 감동을 맛본다. 이곳 백두대간은 백두산 호랑이가 최후까지 생존했던 지역이라 종 보존을 위한 보금자리를 마련했다고 한다. 그러고 보니 트램 종착역에서부터 우리가 걸어온 길이 백 년 전쯤에는 야생 호랑이와 산짐승들이 다닌 그들의 길이 아니었을까 싶다. 호랑이 종 보존을 위해 관리와 연구가 필요하다지만 울타리에 갇힌 호랑이는 얼마나 무료하고 답답할까 싶다.

춘양면에서 북쪽으로 계속 직진하면 바로 강원도 영월이 나온다. 주변의 산이 험하지는 않아도 산등성이가 울퉁불퉁하여 오르기엔 까탈스런 지형으로 보인다. 이곳 춘양면을 기행지로 추천하신 분은 회장이신 김시탁 시인이다. 그의 고향이기도 해서 산골 소년이 자라 온 이야기를 들려준다. 저 산이 어릴 때는 송이버섯이 지천으로 깔려 있던 산이었다고 한다. 어느 날부터 송이가 귀한 식재료가 되어 비싼 값에 팔리면서 이곳 산골 마을 풍정도 달려졌단다. 소년이 어른으로 자란 과정과 우리 사회 경제의 변천사가 맥을 같이했을 것이다.

송이가 많이 난다는 산속을 한번 걸어보고 싶은 생각이 든다. 하지만 그것은 어림없는 욕심이다. 산길에 익숙지 못한 내가 행여 막 고개를 내미는 귀한 송이를 푹푹 밟아버리지나 않을까. 아서라, 애초에 발길을 내딛지 않는 게 현명하겠다.

'호랑이숲'을 다녀와서일까. 배가 출출해진다. 여행에서 빼놓을 수 없는 묘미는 맛집이다. '봉화'를 알리는 현수막이 걸린 시장 안 식당을 회장님의 안내로 찾아간다. 갖가지 나물과 불고기전골이 준비된 식당이다. 식사 직전 대소쿠리에 송이버섯이 한가득 나온다. 아! 탄성이 절로 나온다. 송이를 이렇게 푸짐하게 먹은 적은 없다. 잘게 찢은 송이를 기름장에 살짝 찍어 먹는데 솔 향내가 가득하고 쫄깃쫄깃한 식감에 감탄이 절로 나온다. 불고기와 어우러진 송이전골과 송이전은 두고두고 잊지 못할 것 같다.

다음에 찾아간 곳은 '봉화 애플 맘 농원'이다. 차가운 날씨에 아삭아삭 맛을 내는 사과는 봉화 최고의 특산물이란다. 우리를 반갑게 맞이하는 젊은 부부는 귀농한 지 5년째라고 한다. 제대로 수익을 내지 못했던 3~4년 전 힘들었던 귀농 이야기도 살짝 들려준다. 사과밭에는 빨갛게 익은 사과가 가을볕을 받아 탐스럽다. 현장 체험으로 사과밭에서 사과를 직접 따는 재미가 쏠쏠하다.

나는 시골집에 사과나무 십여 그루를 심어 매년 수확하기에 사과 반쪽만 맛을 보았다. 저 부부가 한 알의 사과를 키우기까지 얼마나 많은 정성을 쏟았을까. 농사짓는 이의 마음을 알기에 사과 한 알의 의미가 더욱 귀히 여겨진다. 멀리서 온 손님들을 위해 준비해 놓은 차도 부부의 마음처럼 따뜻하다. 여주인이 우리를 위해 사과 따는 사다리차에 탑승하라고 한다. 하늘 향해 주욱 올라가는 사다리를 타고 지르는 환호성이 가을 하늘 멀리 울려 퍼진다. 춘양면 여행은 눈과 입, 마음까지 즐겁다. 가을볕 같은 카페 '서동리'에서 가슴을 데우는 차 한 잔으로 여유를 즐긴다.

이젠 봉화에 춘양면이 있고 송이도 있으며, '국립백두대간수목원' 호랑이도 있다고 전하고 싶다.

가을맞이와 함께한 2023년 풍성한 문학기행을 오래오래 기억 속에 묻어두기로 한다.

겨울
winter

설렘과 추억을 안겨준 에티오피아

축구공 모양이 달린 볼펜을 선물로 받아 든 소년이 "아므섹 끄날레후!"(감사합니다!)를 외치며 껑충껑충 달려간다.

에티오피아에 18일간의 봉사활동을 다녀왔다. 며칠 뒤 봉사활동에 참여했던 분들의 사진이 기록으로 남아 밴드에 올라왔다. 각자 찍은 사진들이 한 편의 다큐멘터리로 펼쳐져 그때의 생생한 기록으로 남아 있다.

오늘은 사진작가가 찍은 마지막 사진이 올라왔다. 한 장 두 장 사진을 들여다보니 현지인의 꾸밈없는 모습이 따뜻한 미소와 순수한 눈빛으로 사진 속에 고스란히 담겨 있다. 그들만이 가진 천진하고 맑은 눈망울로 카메라를 응시한 모습이 마치 맑은 심성을 투명하게 비춘 것처럼 가슴이 울컥하게 하였다. 미처 눈여겨보지 못했던 풍경들이 동화책 그림처럼 한 장 한 장 절제되고 단정한 모습으로 들어 있다. 사진작가가 보는 시야가 얼마나 폭넓고 다양한지 새삼 깊은 감동을 느꼈다.

에티오피아의 수도 '아디스아바바' 볼레 공항에 도착하여 맨 처음 달려간 곳은 남쪽에 있는 '마조리아' 마을이었다. 마을의 유치원과 초등학교는 가톨릭 재단에서 지원하고 운영되었다. 그곳을 방문하는 일이 우리 일행의 첫 일정이었다.

오지에 속하는 '고사'라는 마을은 수녀님이 유치원을 돌보며 학교를 지원하고 의료봉사도 하는 곳이다. 현지인들에게 필요한 생필품을 준비해 간 우리들은 수녀원에 전달했다. 학교를 방문하여 수업을 참관하고 휴식 시간에는 재미있는 놀이도 함께했다. 강강술래며 수건돌리기에 어린이들뿐만 아니라 마을 청년들도 한마음으로 동참하였다. 이번 여행을 주선한 분은 해마다 개인적으로 이곳으로 봉사활동을 다녔다.

새벽 산책길이나 낮에도 길에서 현지인을 만나면 남녀노소 누구나 먼저 달려와 악수를 청하고 서로의 양어깨를 부딪는 인사를 한다. 어린아이들은 낯선 이방인을 보며 수줍게 기둥 뒤에 숨기도 하고 살포시 고개를 내밀어 맑은 눈망울로 빤히 쳐다보았다. 둥근 초막집에서 한 명, 두 명, 세 명, 나중에는 예닐곱 되는 식구들이 나와 손을 흔들며 반기기도 했다.

티 없이 맑은 눈과 하얀 치아, 환하게 웃는 표정은 그지없이 행복해 보인다.
웃음전도사처럼 반겨주는 그들 모습에서 오랜만에 함박웃음을 지어 보았다.
순수한 그들에게서 커다란 선물 한 아름 받은 듯했다.

그곳은 우리나라 60~70년대 모습을 고스란히 간직하고 있다. 전기와 수도도 없어 문명의 혜택을 모르고 살아가지만 자연에 순응하며 더불어 살아간다. 초콜릿빛 피부의 사람들은 제대로 씻지 않고 누더기 옷을 입었지만 티 없이 맑은 눈과 하얀 치아, 환하게 웃는 표정은 그지없이 행복해 보인다. 웃음전도사처럼 반겨주는 그들 모습에서 오랜만에 함박웃음을 지어 보았다. 순수한 그들에게서 커다란 선물 한 아름 받은 듯했다.

　일주일 만에 '아와사'라는 도시까지 세 곳의 수녀원을 방문하고 수도 '아디스아바바'로 왔다. '아디스아바바' 대학 내 박물관, 루시 박물관 등을 둘러보기 위해 시내버스를 탔다. 시내버스라고 하지만 낡은 승합차이고 남자 안내원은 인원이 꽉 차야만 출발 신호를 보낸다. 차 안은 몸이 부딪칠 정도로 비좁았기에 꼭 붙어 앉았다. 차에 오른 그들은 이방인인 우리를 보고 깜짝 놀라기도 하면서 수줍어 눈길을 피하기도 했다. 그래도 눈빛에서는 따뜻한 미소가 흘렀다. "데나이스뜰링(안녕하세요)" 혹은 "살~람!" 해주면 무척 좋아하고 똑같은 대답이 돌아왔다. 어디를 가나 호기심과 반가움으로 인사를 건넨다. 박물관 앞에서는 우리를 보고 "안녕하세요!" 하며 우리말로 인사를 건네는 이가 있어 놀라웠다.

　사람들이 많이 붐비던 재래시장은 큰 미로 같았다. 이방인들을 본 그들은 호기심으로 따라오기도 했고, 미소로 반겨주기도 하며 '웰컴! 살~럼!' 등등 그들의 인사말을 하였다. 인솔 선생님이 현지어를 하여 가이드 없이 다녀도 불편함은 없었다. 혹여 물어볼 말이 있으면 그들은 직접 안내해 주기도 했다. 갑자기 소나기가 쏟아져 상가 처마 밑으로 비를 피해 줄줄이 서면 얼른 자리를 양보하며 미소를 보냈다.

시내를 관광 중이었다. 한 대의 승용차가 우리 앞에 섰다. 그는 에티오피아에 있는 코이카 단원들과 때때로 봉사활동을 하는 라디오 방송작가였다. 운전 중 도로를 지나가다 동양인이 보이고 내 모습이 피곤해 보여 지나칠 수 없어서 태워주고 싶다고 했다. 일찍부터 시내버스를 여러 번 갈아타고 미로 같은 시장을 둘러보고 소낙비까지 맞았으니 오후에는 지쳐 있었다. 거기다 피아사 성당을 가기 위해 오르막길을 헉헉거리며 걸었으니 남들 보기에도 후줄근하였나 보다. 그걸 지나치지 않고 관심을 가지고 배려해 주니 얼떨떨했다. 처음에는 믿지 못하고 반신반의했더니 휴대폰을 열어 그동안 자신이 활동했던 사진을 보여줬다. 동행한 아들은 현지어가 아닌 영어로 대화를 할 수 있었기에 의사소통은 가능했다. 일행이 6명이라 승용차에 다 탈 수 없다며 택시를 불러 적절한 가격에 흥정도 해주었다.

에티오피아에서 맞는 아침은 새로운 세상을 여는 시간이었다. 오늘은 어떤 풍경, 어떤 사람들을 만날지, 어떤 일이 있을지 새로운 기대감이 일었다. 하루하루가 축제를 여는 설레는 기분, 여행의 진정한 묘미를 느낄 수 있었다. 고마웠던 승용차 주인뿐 아니라 그 후에도 많은 친절한 에티오피아인들을 만났다.

오늘 다시 에티오피아의 때 묻지 않은 소년 소녀들 사진을 보니 그 시간이 생생하게 되살아난다. 웃을 일이 조금씩 없어지는 나에게 환한 웃음을 선물한 그들!

설렘과 추억을 안겨준 에티오피아에서의 18일간 여행은 평생 잊지 못할 것이다.

겨울
winter

한겨울 이불 같은 어머니

 노란 은행잎이 물결치는 거리에 빗소리가 들린다. 비 그치면 머지않아 옷깃 여미게 되리란 생각에 옷장을 기웃거렸다. 출장이 잦은 남편의 양복을 꺼내 본다. 여러 해를 입어 눈에 익고 지루해진 낡은 양복이다. 몇 번인가 한 벌 더 사자는 실랑이에도 불구하고 계절 따라 한 벌씩만 있으면 된다고 고집을 부린다. 그 뒤편으로 지나온 시간의 앙금이 출렁인다.

 결혼한 이듬해 어버이날이 다가왔을 때였다. 시부모님께 무슨 선물을 할 것인가 고민하다가 어머님께는 옷 한 벌을 곱게 포장하여 선물하였다. 무척 기뻐하셨다. 1남 5녀 자식 중 하나뿐인 며느리가 처음 해드린 선물이니 여기저기 자랑하실 만도 했다. 그런데 얼마 지나지 않아 내 귀에 서운한 소리가 들렸다. 옷이 너무 노인네 색이라는 것이었다. 옅은 커피색으로 커다란 꽃무늬가 나염되어 입기 편한 옷은 외출복으로도 손색이 없어 고른 것이었다. 그런데 색상이 영 맘에 안 드셨던 모양이다. 그 뒤로는 옷 선물은 하지 않게 되었다.

시어머님은 한겨울 아랫목 이불 속 같으신 분이었다. 명절이 다가오면 며느리 힘들까 봐서 갖가지 밑반찬을 미리 준비해 놓으셨다. 바쁜 중에도 손두부와 도토리묵을 손수 만드셨고 가마솥에 추어탕을 끓이셨다. 어머니가 끓이신 추어탕은 가족들이 두고두고 그리워하는 어머니 맛이다. 힘들고 어려운 모든 일을 싫은 내색 없이 혼자 감당하셨고 상의할 일은 아들보다 며느리에게 먼저 이야기하셨다. 집안 종부로 크고 작은 대소사를 치러내시며 넉넉지 못한 시골 살림에 산뜻한 외출복 한번 입으시는 걸 보지 못했다.

어느 추운 겨울날 아들네 집에 오셨다가 가시는 뒷모습은 낡고 오래된 외투 때문인지 무척 춥고 쓸쓸해 보였다. 형편이 나아지면 시어머니께 따뜻한 외투 한 벌 백화점에서 사드려야지 하는 마음을 안고서도 실행하지 못했다. 당시에는 형편이 어려운 시절이라 핑계 삼는다.

시어머님께서 병마와 싸우다 돌아가시기 얼마 전이었다. 병실에서 정신을 놓으시기 전에 며느리에게 남기실 이야기 없느

부모가 자식에게 베푸는 정신적 물질적 모든 사랑은
당연한 걸로 받아들인다.
정작 부모에게는 형편 어렵다고 핑계를 대며
이것저것 따지고 계산하지 않았을까.

냐고 주위 분들이 물으셨다. 그때 시어머님은 아무런 말씀 없이 천장만 묵묵히 쳐다보셨다. 눈가에는 깊은 옹달샘처럼 하얀 방울만 솟구치고 있었다. 무슨 생각을 하셨을까. 지나간 당신의 흔적을 더듬어 보셨을까. 먼저 돌아가신 아버님과 큰소리 한번 없이 평생을 지내셨다는데 곧 만날 수 있다는 설렘이었을까. 아, 그보다 어쩌면 막내딸 인연을 맺어주지 못한 안타까움도 있었을 것이다. 작고 야윈 손을 꼭 잡아드리는 것으로 나는 그 모든 답을 마음속으로 드렸다.

그렇게 시어머님을 떠나보내고 옷가지와 소지품을 하나하나 정리했다. 장롱이며 서랍장 후미진 구석까지 다 끄집어내었다. 육십여 평생 삶의 흔적이 수도하는 스님들 유품처럼 너무나도 단출하였다. 아무리 공수래공수거라지만 자식들도 여럿 있으면서 그토록 변변한 옷 한 벌 없었다니.

되돌아보니 그때 사는 게 힘들더라도 시어머님 모시고 가서 따뜻한 코트 한 벌 사드렸어야 했다. 부모가 자식에게 베푸는 정신적 물질적 모든 사랑은 당연한 걸로 받아들인다. 정작 부모에게는 형편 어렵다고 핑계를 대며 이것저것 따지고 계산하지 않았을까. 살림 나아지면 해야지 하는 안일한 생각으로 보내진 않았는지. 부모님이 마냥 기다려주지 않는다는 걸 알면서도 막상 돌아가신 후에야 후회로 가슴을 친다.

시어머님 입관식 때 뵌 은은한 미소는 잊을 수가 없다. 십여 년간 곁에서 시어머님을 지켜보았지만 그렇게 고운 모습은 처음이었다. 이상하리만치 얼굴에 주름도 없었으며 말갛게 홍조 띤 볼은 갓 시집온 새색시가 두 눈을 감고 잠들어 있는 모습 같았다. 이승에서 저승 가실 때는 저렇듯 고운 모습인가 하며 그 단아한 모습에서 눈을 뗄 수가 없었다.

　소박한 유품들이 어머님 그림자 되어 훨훨 타오를 때, 따뜻한 외투 한번 입혀드리지 못한 회한으로 가슴을 쳤다. 허공을 날다 사그라지는 불꽃은 오래도록 앙금이 되어 내 마음에 가라앉았다.

겨울
winter

위층 남자의 눈물

현관에 사다리차가 대기한 그날은 토요일이었다.

평소에는 빈집인 듯 조용한 위층에서 둔탁하고 분주한 발걸음 소리에 일찍 눈을 떴다. 얼마 전 "저희 이사 가야 할 것 같아요."라며 어두운 표정으로 이야기하던 윗집 안주인의 말이 떠올라 창밖을 내려다보았다.

오전은 친지 결혼식에 참석해야 했다. 짐이 거의 내려졌을 즈음에 마지막 인사라도 해야지 하고 위층으로 올라갔다. 부산하게 짐을 옮기는 사람들 속에 안주인이 보이지 않았다. 망설이다가 현관 안으로 살짝 들어섰다. 현관과 마주한 방 창가에 주인 남자가 등을 돌리고 서 있었다. 난간에 온몸을 의지하고 창밖으로 펼쳐진 시루봉 능선을 바라보고 있었다. 등 뒤의 소란스러운 움직임과는 무관한 듯 보였다. 그 모습이 마치 긴 침묵에 빠진 겨울나무 같았다.

긴 사색을 훼방하는 건 아닌가 싶어 조심스러운 마음이 들었다. 내가 선 자리와 남자와의 사이는 서너 걸음이지만 쉽게 다가갈 수 없는 경계선 같았다. 되돌아 나오려다 평소 아래위층으로 지내며 친분이 있던 터라 주인 남자에게라도 인사해야지 하고 인기척을 냈다. 등 뒤의 기척을 느꼈는지 억지로 고개를 돌리던 주인 남자는 나와 시선이 딱 마주쳤다. 순간, 뭐라고 표현할 수 없는 미묘한 눈빛의 남자는 참았던 울음을 터트렸다. 소리 없이 뚝뚝 흐르는 남자의 눈물 앞에 나는 어쩔 줄 몰랐다. 나도 모르게 성큼 다가가 그의 두 손을 잡아 주는 것 외는 아무 말도 할 수 없었다. 작은 위로가 되었으면 좋겠다는 심정이었다. 동생을 대하는 누나의 마음이기도 했다.

그는 건실한 기업인이면서 감성적인 사람이었다. 아파트에서는 드물게 부부 이름을 같이 새겨 문패를 붙였다. 서글서글한 호남형인데다 엘리베이터 안에서 누구를 만나든 친근하게 말을 붙이곤 했다.

입주 초에는 동 대표를 맡았는데 가끔 반상회에 참석하면 주민들을 위해 와인을 내놓기도 하여 우리 통로 아줌마들의 우상이었다. 노인정에 정기적으로 성의를 표했다는 소문도 들었다.

흔히 하는 말로 남자는 평생 세 번을 운다고 한다.
하지만 알게 모르게 그들도 보이지 않는 눈물을 흘리고 있었다.
생계를 책임지고 살아가야 하는 가장들에게
이 시대는 어쩌면 가혹하다.

동사무소 자치단체에도 가입하여 좋은 인상을 남겨 칭송이 대단했다. 각박한 아파트 생활이지만 주차장이나 엘리베이터에서 가끔 그와 그의 부인을 만나면 기분이 유쾌해졌다. 주인 남자가 외향적이라면 그의 아내는 조용하면서도 알뜰한 전형적인 주부였다.

세상은 넓고도 좁다고 했던가. 그의 아내와 이야기하면서 알게 된 사실이지만 그녀의 사촌오빠가 남편과는 고향 친구였다. 그녀의 친오빠도 어릴 적에는 우리 시댁 동네로 자주 놀러 왔다고 했다. 그렇게 위층과 아래층은 잔잔하게 얽혀서 입주 5년을 보냈다.

흔히 하는 말로 남자는 평생 세 번을 운다고 한다. 공식적으로 인정한 남자들의 눈물에 대한 정당성을 부여한 것일지 모른다. 하지만 알게 모르게 그들도 보이지 않는 눈물을 흘리고 있었다. 생계를 책임지고 살아가야 하는 가장들에게 이 시대는 어쩌면 가혹하다.

중소기업을 운영하는 사람들에게는 최근의 불경기는 더 치명적이다. 물가는 해마다 오르고 대기업은 작은 기업체에게 경쟁적으로 납품단가를 낮추라고 한다. 사업을 한다지만 뒤로는 밑지는 꼴이다. 더구나 거래처 두어 군데가 부도를 내고 달아나 이리저리 메우다 보니 결국 집까지 경매로 넘어가게 된 것이다. 그는 사업을 이루기 위해 열정과 청춘을 다 바쳐 한때는 잘나가던 중소기업 사장으로 활동하던 시절도 있었다. 사치 한 번 안 하고 근검절약하며 살아왔다고 한다. 그는 어디서 무엇이 잘못되어 살던 집까지 비워 줘야만 하는지 자책감에 빠져 있었을 것이다. 그 절묘한 타임에 내가 나타나 그 마음을 훔쳐 본 것 같다. 평소 진솔했던 그의 모습을 눈물에서 고스란히 보았다.

위층 부부가 이사 간 지 벌써 한참이 지났다. 그날 그 남자의 울컥했던 마음이 이제는 평상심을 찾았을 것이다. 어쩌면 아래층 여자에게 못 보일 모습을 보였다는 생각에 이곳을 생각하면 볼을 붉힐지도 모르겠다. 난 그렇지 않기를 바란다. 앞이 보이지 않을 만큼 캄캄하고 가슴이 꽉 막혀 답답할 때 펑펑 울고 나면 언제 그랬냐 싶게 시원함이 느껴진다. 누군가 내 아픔을 자극하면 눈물이 흐르고 그런 뒤의 쾌감이 오히려 새로 시작하는 원동력이 될 수도 있다. 작은 부끄러움은 곧 잊어버리고 추억의 한 귀퉁이로 남을 뿐이다. 성공 신화는 실패라는 밑바닥에서 다시 시작된다는 진리를 알기에 평소의 위층 남자라면 꼭 재기할 거라 믿는다.

그들 가족이 불끈 일어서기를 두 손 모아 빌어 본다.

겨울
winter

안녕, 편히 쉬세요

　아침부터 집안은 한여름 무더위로 후텁지근하다. 미처 설거지를 마치기도 전에 카톡 문자가 날아온다. 시가 당숙모 부고장이다. 두어 달 전에 몸이 불편하다는 소식은 들었지만 이리 급히 떠났단 말인가. 두 손에 힘이 풀리고 믿기지 않는 현실에 마음이 허망하다. 허허롭고 서늘한 마음을 무더위도 어쩌지 못하고 에어컨 앞에서 생각을 다잡아 본다.
　장례식장에 들어섰다. 고인을 안내하는 영정 사진이 빙그레 웃고 있다. '나이 63세' 내 나이보다 어리다는 건 알았지만 실제 나이를 보니 안타까운 마음이 더해진다. 아직은 멀리 떠나기 이른 나이인데 떠나는 길에는 순서가 없다던 말이 생각났다. 고인의 딸이 나를 알아보곤 달려와 품에 안겨 흐느낀다. 우리 딸과 고인의 딸은 동갑으로 같은 해에 태어났다. 시가에서는 입에 익힌 명칭이 'ㅇㅇ엄마' 'ㅇㅇ엄마'로 우리를 구분 지었고 집안에서도 서로 그렇게 통한다. 나는 그녀를 '아지매'라고 불렀다.

당숙과 남편은 동갑내기다. 같이 한마을에서 자랐고 초·중학교도 같이 나왔다. 결혼도 우리와 비슷한 시기에 했다. 당숙 부부는 우리 부부보다 보름 먼저 결혼식을 했다고 한다. 당숙모는 선하고 착한 사람이었다. 우리 집이 종가라 명절은 물론이고 대소사에는 함께하였다. 젊은 며느리들이라 만나면 부엌에서 수군수군 밀린 이야기를 나누곤 했다. 벌초며 시제가 있는 날이면 집안 며느리들이 다 모여 제실 주방에서 제상 준비도 하고 함께 기념사진을 찍기도 했다. 그런 세월을 함께 40년을 보냈다. 유난히 친했다든가 깊은 정을 나눈 사연은 없다. 시가에서 만난 인연으로 엊그제 만난 듯 허물없이 서로의 이야기를 나누곤 했다. 만나면 서로 좋은 이야기만 나누고 힘이 들면 또 힘들다고 숨김없이 나누는 그런 사이였다.

내가 결혼하고 보니 층층 시어른들이 많았다. 시할머니, 시부모님, 증조부 내외, 증조모, 시고모 할머님, 당숙 내외, 당숙들…. 헤아릴 수 없을 정도로 많은 식구에 헷갈리고 알아가는 데만 많은 시간이 걸렸다. 아지매도 마찬가지였을 것이다.

세월이 흘러 어르신들 한 분 한 분 연세가 높아 돌아가셨다. 그분들 장례식에 빠짐없이 찾아갔고 병문안도 많이 다녔다. 그러다 어느 날 문득 '아! 한 세대가 저물어 가는구나.' 하고 실감했다. 모르는 얼굴 새 식구들이 늘어갔다. 세월의 흐름에 어느새 우리 세대들이 맨 앞에 섰다.

돌아가신 당숙모가 우리 세대에서 처음으로 먼 길 떠났다. 더 깊고 공허해진 마음으로 그녀가 남긴 흔적들을 더듬어본다. 나의 십 년, 십오 년 후, 그 후의 시간도 떠올려 본다. 어느 시인이 장례식 삼 일을 '마지막 무대'라고 했던가. 모두가 그 마지막 무대를 위해 오늘도 최선을 다하고 있는 건 아닌지.

벌초하는 날이면 조용한 미소로 나타나던 아지매를 이제는 다시 볼 수 없겠다. 가족 묘소에 안치된 당숙모를 그리며 애석해하는 집안사람들 소리만 가득하겠지.

'안녕, 편히 쉬세요.'

서둘러 먼 길 가려는 그녀에게 마지막 인사를 남긴다.

겨울
winter

창녕 만옥정공원 유적과 성주 문학기행

　신록이 눈부신 계절이다. 가까운 창녕과 성주 일대로 문학기행을 떠났다. '창녕' 하면 우포늪이 가장 먼저 떠오르는데 이번 여행으로 신라 진흥왕 발자취를 만날 수 있었다.
　창녕의 만옥정은 유구한 역사를 품은 공원이다. 진흥왕순수비(척경비), 대원군의 척화비, 창녕 객사, 삼층석탑, UN전적비, 창녕현감비군 등 역사적인 유적들이 많았다. 그중 우리의 관심은 비각 안에 모셔진 신라진흥왕순수비였다. 진흥왕이 대가야(합천) 비사벌(창녕)지역 영토를 확장한 후 민심을 알고자 이곳을 다녀간 기념으로 세운 비라고 한다. 1,500년 전 진흥왕이 여러 문무 대신을 이끌고 경주에서 이곳까지 온 행렬을 생각하니 잠시 그 시대로 타임 캡슐을 탄 듯했다. 당시의 신라인들이 왕의 하명으로 비문을 새기면서 후손들이 그 흔적을 이렇게 회상함을 알기나 했을까.

만옥정 공원과 10여 분 거리에 있는 국보 34호 술정리 동 삼층석탑이 기품 있는 자태로 우릴 맞았다. 사방을 둘러보아도 어느 곳 하나 흐트러짐이 없는 신라의 대표적인 석탑이다. 1995년도인가, 창원박물대 학생으로 이곳을 탐방했을 때는 사방이 허허벌판으로 삼층석탑만 덩그러니 세워져 있었는데 지금은 주변이 깔끔한 공원으로 잘 꾸며져 있었다. 마침 어느 중년 부인이 무슨 소원이 있는지 탑 둘레를 돌고 또 돌고 있었다.

성주로 향하는 도로변 산야는 연초록이었다. 미세먼지경보를 챙겨야 할 계절이지만 오늘은 날씨가 좋아 시야가 탁 트였다. 성주 톨게이트를 통과해서 시내로 들어서자 이천강 강변에 버드나무 군락지가 있었다. 가지 끝에는 아직 새순이 부드럽게 살랑이고 나무 둥치들은 강건한 사내의 골격처럼 뻗어져 우리의 눈을 유혹했다. 300~500년 된 나무라지만 버드나무 같지 않고 중세시대 무사 같은 투박한 흑갈색 가지들이 쭉쭉 뻗어 있었다. 성스럽기도 하고 웅장한 기운이 느껴지며 여기저기에 깊숙한 옹이가 박혀 있어 묘한 기운을 뿜어냈다. 고목 옆 버드나무 땅바닥에는 묘목들이 수없이 자라 세대를 이어 주는 것 같아 흐뭇한 미소가 지어졌다. 지자체에서 버드나무 군락지를 잘 관리한다는 느낌이었다. 성 밖 왕버들 나무숲은 조선 시대에 인공으로 만들어졌다고 한다. 처음에는 밤나무를 심었다가 임진왜란 이후 왕버들나무로 바꿔 심었다니 그 역사가 자못 깊었다. 여름에는 보랏빛 맥문동꽃과 숲 앞을 흐르는 이천강이 어우러져 환상적이라 한다. 아름다운 숲으로 선정된 적도 있다고 하니 여름날 다시 꼭 와보고 싶었다.

'성주'는 사드 배치로 온 나라가 시끄러워서 마음이 착잡했으나, 500년 전 세종대왕 왕자들의 태실이 보관되어 있다는 걸 새삼 알았다. 한 편의 드라마 같은 생을 살았던 인현왕후의 삶 또한 되짚어 보는 소중한 시간이었다. 마침 대금을 부는 동인이 함께해서 여행의 맛을 더하는 듯했다.

성주군 월향면 인촌리 선석산 아래에는 세종대왕의 열여덟 왕자의 태실이 봉안되어 있었다. 당시 태실을 주관하는 태실도감에서 전국의 명당을 찾아 길지로 선정된 곳이다. 산 정상에 오목하니 자리 잡은 태실은 찾는 사람의 마음을 차분하게 만들었다. 하지만 세조 왕위 찬탈에 반대한 다섯 왕자의 태실은 세조가 훼손했다고 하니 왕권이 무엇인지 권력이 무엇인지도 되돌아보게 했다. 태실의 영들이 편안하기를 비는 글 벗님의 대금 소리가 사방에 흐르니 지나가는 바람도 숨을 멈추는 듯했다.

경북지방에서만 제조한다는 '등겨장 쌈'으로 점심을 푸짐하게 먹고 성주호 무흘구곡으로 향했다. 창원에서는 벚꽃이 다 졌건만 댐을 끼고 가는 드라이브 길은 벚꽃이 한창이었다. 무흘구곡 계곡에는 선바위가 기다리고 있었다. 무흘구곡의 옹골진 기가 선바위에 응집이 되어서일까. 선바위 앞 계곡물이 깊이를 알 수 없을 정도로 소용돌이치고 있었다. 계곡에 자리한 넓고 평평한 바위들은 물살에 씻기고 다듬어져 웃옷을 벗은 여인의 등처럼 뽀얗다. 넓적한 바위에 각자 한 자리씩 앉아 제각기 시상에 잠겨보았다. 오래전 다녀온 화양계곡과 단양팔경계곡이 연상되었다.

여기서도 빠질 수 없는 대금 소리는 물소리 바람 소리와 함께 계곡으로 울려 퍼졌다. 기둥처럼 세워진 딱딱한 바위지만 여기저기 작은 틈새로 어린나무들의 터전을 허락하고 함께 동거동락했다. 쳐다만 봐도 아득한 선바위 위에는 여린 소나무가 화관을 쓴 듯했다. 오랫동안 바위의 강건한 기를 듬뿍 받으며 앉았다. 다음 일정을 위해 아쉬움을 남기고 수도암으로 향했다.

무흘구곡으로 이어진 길이 어느새 성주에서 김천으로 경계를 바꾸고 있었다. 수도암은 도선국사가 창건한 절이다. 도선국사는 청암사를 창건하고 주변을 돌아보다 발견한 수도암 터가 무척 마음에 들었다고 한다. 구불구불 깊은 산중의 수도암 입구에 주차하고 가파른 계단을 오르자 절 마당이 나왔다.

마당을 지나 다시 계단을 올라 대적광전 앞에 이르자 삼층석탑이 나타났다. 석탑을 되돌아서자 아! 산 아래 풍경이 한눈에 들어오고 병풍처럼 이어진 산 너머에는 가야산 정상의 연화봉이 봉긋했다. 그 풍경에 쉬이 발걸음을 옮길 수가 없었다. 대적광전과 약광전을 둘러보고 도선국사의 비를 보면서 국사가 이 자리가 마음에 들어 7일간이나 춤을 추었다는 말에 고개가 절로 끄덕여졌다. 옛사람의 풍수관에 놀라움을 금치 못했다.

청암사는 인현왕후와 인연이 깊은 곳이다. 지아비 숙종을 사이에 두고 장희빈과 갈등을 겪다가 폐위된 후 이곳에서 3년을 머물렀다고 한다. 청암사 부근에는 인현왕후의 캐릭터로 된 안내판이 여기저기 눈길을 끌었다. 인현왕후와 연관된 걸 너무 상품화하는 게 아닌가 싶다. 요즘 세태는 미디어와 광고가 주류여서 왕후가 살아계신다면 어떻게 받아들이실지 적이 걱정이었다. 때마침 청암사 입구 다리를 나서는데 두 분 비구니 스님이 고운 미소로 합장하며 눈인사했다. 나도 마주 인사하니 청암사 맑은 기운이 온몸에 스미는 느낌이었다.

창녕과 성주를 바쁘게 오간 일정을 아쉬운 마음으로 마감했다. 하루가 알차고 즐거웠다. 좋은 벗들과 함께하면 세상 어디든 다 어여쁘고 발 닿는 곳마다 특별한 의미가 새겨지는 듯하다. 집으로 돌아오는 길도 출발할 때처럼 아름다웠다. 내년에도 우리의 아름다운 동행이 이어지길 바란다.

겨울
winter

율하천을 걷는다

 김해 삼천은 율하천, 신어천, 해반천이다. 이 중 율하천은 신안계곡에서 조만강에 이르는 장유의 하천이다. 장유 3지구가 도시화하면서 율하천은 자연경관이 빼어나 장유누리길 중의 일부가 되면서 명소로 알려졌다. 이곳 율하로 이사 온 지 벌써 십여 년이 지났으나 이웃 간 교류가 별로 없는 상가주택에 살다 보니 누군가를 새로이 사귀지 못하고 있다. 유일한 즐거움은 율하천을 산책하는 일이다. 별다른 일정이나 약속이 없으면 운동 삼아 천변로를 걷는다. 자주 걷다 보니 계절마다 달라지는 율하천 매력에 빠져든다.
 사계절 내내 다양한 풍경을 볼 수 있어 멀리까지 가는 관광이 부럽지 않다. 지금은 동백꽃이 한창이지만 3월이면 도로변 아래 능선에는 매화가 지천이다. 매화꽃이 지면 벚꽃이 터널을 만들어 굽이굽이 이어진다. 그럴 때면 꽃길을 걷는 연인들, 가족들의 환한 웃음이 꽃보다 더 아름답다. 계절마다 자리바꿈하는 다양한 꽃들로 눈 호강을 한다. 꽃잎이 반질반질한 다정큼나무꽃, 하얀 꽃이 조롱조롱 매달린 산딸나무, 지칭개가 있다. 샤스타데이지, 개망초, 금계국도 어김없이 제 영토를 차지하며 꽃을 피운다. 지난봄에 꾸민 튤립 정원은 원색의 꽃들로 눈이 부실 정도다.

어디 꽃과 나무뿐이겠는가. 율하천에는 언제부터인가 중대백로가 텃새인 양 율하천에 자리 잡고 있다. 휘어져 흐르는 물가에 중대백로가 모래밭을 헤집기도 하며 오래도록 희고 고운 자태를 뽐낸다. 물웅덩이에 새끼 오리들이 어미를 따라 자맥질을 하고, 그걸 노려보는 음흉한 들고양이를 나 또한 멀리서 훔쳐보는 재미도 있다.

율하천변 카페 거리는 유럽의 낭만적인 풍경을 떠오르게 한다. 주말이면 젊은이들이 데이트하는 모습을 쉽게 볼 수 있다. 주변에 중·고등학교 담장도 보인다. 따스한 날 학생들이 야외수업을 나와 뛰어다니는 모습이 풋풋하다. 봄비가 풍족하게 내린 뒷날, 돌다리 위에서 졸업 사진을 찍는 소년 소녀들의 싱그러운 모습을 보노라면 나도 모르게 빙그레 웃음꽃이 피어오른다.

　자주 산책하다 보면 자연스레 낯익은 얼굴을 만나게 된다. 다운증후군으로 보이는 앳된 청년과 그 뒤를 한 발짝 떨어져 걷는 엄마도 있다. 요즈음 청년의 표정은 밝아져서 살짝 미소를 보이지만 엄마는 지치고 힘들어 보인다. 홀로 전동휠체어를 타고 다니는 어르신도 그중 한 분이다. 작은 체구에도 능숙하게 운전을 잘하신다. 표정이 밝고 눈빛은 호기심으로 반짝인다. 무슨 말을 걸듯 말 듯하다가도 매번 그냥 지나치고 만다.

　지난 연말이었다. 그날따라 날씨가 매서워 옷깃을 여미고 부지런히 걷고 있었다. 햇살 잘 드는 양지 공원을 지나는데 계단에 앉았던 어떤 여인이 나를 불러 세웠다. "여기 따뜻한데 잠시 쉬어가세요." 이상하게 끌려서 그녀 곁에 앉게 되었다. 여자가 갑자기 이야기를 늘어놓았다. 작년에 친정 동생이 죽었고, 반년 뒤에 시어머니가 돌아가셨단다. 그런데 반년 뒤 또 거짓말같이 남편이 사고로 갑자기 세상을 떠났다는 것이다. 더군다나 어제 시동생까지 죽었다는 부고를 받고 하도 어이가 없고 황망해서 눈물도 나오지 않는다고 했다. 딸이 퇴근해서 오면 장례식장에 가야 하는데 가기가 싫다고 하였다. 듣고 있자니 이런 상황을 어떻게 받아들여야 하나 당황스러웠지만 오죽하면 생전 처음 보는 나에게 이런 하소연을 다 할까 싶었다. 그냥 묵묵히 이야기를 들어주는 게 최선이라 생각하고 "많이 힘들었겠네요."만 되풀이했다.

그러다 며칠 전 그녀를 만났다. 그녀가 나를 알아보고 뒤에서 불렀다. 의외로 목소리 톤이 높고 밝았다. 매일 이 길로 다니면서 나를 찾았단다. 차를 같이 마시고 싶지만 오후에 아르바이트 가야 한다며 후일로 미루었다. 서둘러 씩씩하게 걸어가는 모습이 보기 좋았다. 우울증으로 집 안에만 있는 것보다 산책하면서 이겨내는 그녀의 긍정적인 태도가 오히려 부러웠다.

율하천은 5킬로미터가 넘는 긴 산책로이고, 주변은 너른 공원으로 이루어져 있다. 아파트 주민과 상가주택 원룸 투룸에 거주하는 사람들 누구나가 공유하는 공간이다. 율하천과 주변 공원은 누구에게나 허락된, 어쩌면 가장 평등한 장소가 아닌가 싶다. 은연중 계층 간 화합이 이루어지는 공간이다.

어느 잡지에서 보았던 풍경이 떠오른다. 햇볕 따스하고 맑은 냇물이 졸졸 흐르는 초록 들판이었다. 그곳에서 아이들과 엄마 아빠가 함빡 웃는 이상적인 그림을 율하천에서 보았다. 코로나 팬데믹으로 삶의 패턴이 바뀌었지만, 율하천은 한결같은 모습으로 사람들을 반긴다.

율하천을 걸으며 많은 것을 생각한다. 내가 걸어온 시간, 그 길에서 만난 사람들, 기쁘고 슬프고 가슴 아픈 일들까지 하나 하나 꺼내어 어루만져본다. 인생은 뒤로 걷는 꽃길이라고, 그때는 힘들었던 날도 지나고 나면 아름다웠노라 말할 수 있겠다. 길을 걸으면서 살아온 삶을 곱씹을 수 있는 지금이 참 좋다.

 오늘도 나는 율하천을 걷는다.

겨울
winter

주방에 걸린 액자

주방에 액자 하나가 걸려 있다. 얼핏 보면 단순한 꽃 사진으로 보이지만 유심히 보면 활짝 핀 꽃들이 저마다의 매력을 발산하고 있는 액자이다. 렌즈의 초점이 원색 꽃잎에 맞춰져 있는. 주변에서 쉽게 볼 수 있는 수선화, 접시꽃, 물봉선, 무궁화, 선인장꽃 등이다. 꽃들을 하나하나 찍어 색상을 배열한 뒤 코팅하여 스티로폼에 정성껏 붙인 작품이다. 꽃은 저마다 제 색깔의 아름다움으로 빛난다. 부지런한 벌들이 날아와 꿀을 따는 모습은 행복해 보인다. 사뿐히 날아든 나비 또한 사진 찍는 이의 마음을 아는 듯 고운 날개를 펼친 채 꽃술에 앉아 포즈를 취하고 있다. 진노랑 국화꽃 배경은 가정집 정원에서 찍었는지 희미한 실루엣이 보인다. 이 액자는 장유로 이사 오기 전 같은 아파트에서 알게 된 노부부가 건네준 선물이다.

아파트에는 노부부만 살고 있었다. 딸이 둘인데 미국에 산다는 소문만 들었다. 부부는 전직 교사였다 한다. 남편은 수년 전에 교장으로 퇴임하였고, 부인은 젊었을 때 근무 중 사고로 다리를 다쳐 복직을 못 하고 사표를 냈다고 했다. 그러나 주부대학, 환경단체, 녹색회 등 다양한 사회 활동을 하였다. 해박한 지식과 논리적인 사고 그리고 성격 또한 똑 부러지는 분이셨다.

당시 나는 아파트에서 통장 일을 맡게 되어 주민들과 얼굴도 익히고 건의 사항도 받으며 친분을 넓혀가는 중이었다. 그러던 중 동사무소에서 농촌과 직거래로 쌀 팔아주기 운동을 펼치면서 아파트 입주민에게 주문을 받게 되었다. 노부부도 신청하였고 쌀이 도착하던 날, 집으로 배달 가게 되었다. 사전에 연락하고 방문했는데 반갑게 맞이해주며 차 한잔하고 가라고 끌어당겼다.

거실에 들어선 나는 깜짝 놀랐다. 집 안 전체가 온통 꽃 사진으로 도배되어 있었기 때문이다. 거실은 말할 것도 없고 안방이며 작은방, 싱크대 상하 문짝까지, 스탠드, 식탁, 수저통, 거실 유리문까지 빈틈이 없었다. 액자를 언뜻 보기에도 수백 장은 될 것 같았다. 액자를 다 만들지 못하고 코팅만 된 것도 많앉다. 때마침 베란다에는 활짝 핀 꽃들까지 앞다투어 나를 보란 듯 피어 있었다.

문득, 과유불급이라는 생각이 스쳐 물어보았다. 꽃을 좋아하는 건 이해되지만 왜 이리 많은 꽃으로 집 안에 도배까지 해 놓으셨냐고 했더니 "영감 할멈 둘이 무슨 맛으로 살겠느냐며 눈길 닿는 곳 어디서든 앉아서도 서서도 활짝 핀 꽃 보는 멋으로 산다."고 하신다. 부인이 찍어 온 사진을 남편이 현상하고 재료를 사다가 코팅하고 붙여서 손수 만든 작품들이었다. 아름다움이 절정에 이른 찰나에 찍은 꽃을 보며 젊은 시절 저분들의 최고점은 언제였을까 유추해 본다.

집에 계신 바깥분과 인사를 하고 보니 낯이 익은 얼굴이다. 오후 서너 시면 아파트 부근이며 화단을 천천히 돌아보시던 분이었다. 평소 어르신을 보면서 '참 점잖으신 분이시구나' 생각했던 그 분이었다.

아파트 단지 안에서 오래도록 노부부를 뵙지 못하다가 부인을 우연히 만났다. 어디 여행이라도 다녀오셨냐고 여쭈었더니 그동안 영감님이 편찮으셨다고 한다. 찾아올 사람 없는 적막한 집이 너무 외로워 떠나고 싶다고 했다. 이사를 생각하고 막상 떠나려 하니 영감님이 퇴직한 학교 인근이라 친구들이 있어서 떠나지 못하겠다고 한다. 젊었을 때는 사회 활동도 하고 친구 모임도 많았지만 나이가 드니 차츰 모임도 줄어든다며 쓸쓸히 웃는다.

　만나면 반가운 듯 그동안 미루어 놓은 이야기보따리를 끝없이 푼다. 가끔 통화라도 하게 되면 반복된 이야기를 30분, 한 시간을 훌쩍 넘길 때가 많다. 그러면서 아파트 단지 내 노인정에는 가기 싫다고 한다. 나이는 노인정에 갈 나이지만 수군거리고 편이 갈라지는 노인정의 분위기와는 맞지 않다며 손사래를 친다.

　교육자로서 존경과 신뢰를 받는 분들이라 남들과 교류가 없어도 행복할 줄 알았는데 의외였다. 혼자지만 자신을 채우는 시간이고 자신과의 대화를 즐기는 분인 줄 알았다. 무리 지어 몰려다니는 사람이 아닌 꼿꼿한 자존심을 가진 분이라 남들과 친분이 없어도 행복한 줄 알았다. 아름답게 핀 꽃에서 멋을 아는 노부부의 미소 뒤에 있는 쓸쓸한 반전이었다. 나이 들어도 외로움을 이겨내는 좋은 방법은 없을까. 두 분의 앞날에는 따뜻한 미소가 가득하기를 바란다.

　노부부가 선물로 준 액자를 주방 벽에 걸었다. 하루에도 수없이 주방을 오가며 숱하게 눈길이 갔을 액자를 오늘은 유심히 들여다본다. 붉고, 노랗고, 하얀 꽃들을 조화롭게 배치하고 한 장 한 장 손으로 붙인 정성이 깃든 작품이다. 넙죽 받아 들고 돌아섰던 그때를 떠올리자 뒤늦게나마 죄송한 마음이 든다. 정성으로 꾸며진 액자에서 그분들과의 인연을 되새긴다.

겨울
winter

백두산 가는 길

　지도를 펼친다. 다이어리 뒷장에 첨부된 우리나라 북부지방 지명을 찾아본다. 그러고 보니 북한 지도는 여학교를 졸업한 뒤로 한 번도 펼쳐본 적이 없었다. 귀에 익은 함경북도, 함경남도, 평안북도, 평안남도 정도만 알 뿐이다. 어쩐지 낯선 느낌이 드는 양강도 지역을 경계하는 붉고 굵은 선이 눈에 띈다. 그 속에 빽빽이 박힌 작은 활자의 숲을 헤치며 나는 '백두산'을 찾아간다.

　백두산白頭山, 수없이 듣고 또 들어도 힘이 불끈 솟는 우리 민족의 영산! 지금은 '장백長白'이란 이름으로 빼앗긴 비극의 산. 지도에서 백두산의 정확한 위치를 눈으로 확인해 본다. 육로로 간다면 서울에서 개성을 지나 백두산까지 지름길로 단숨에 다녀올 지정학적 거리이다. 중국을 거쳐 백두산에 다녀온 지난달 3박 4일 여정이 마치 꿈결만 같다.

지도 경계선 높은 지점에 백두산이 보인다. 백두산으로 가기 위해 달려간 길을 백두산에서부터 되돌아오며 눈으로 짚어본다. 구불구불 휘어지고 굽은 도로 끝자락에 '통화시'가 보인다. 백두산으로 가기 위해 꼭 거쳐야 하는 도시가 통화시이다. 심양에서 통화시로 가는 길은 예전에는 끝없이 펼쳐진 벌판이었단다. 말로만 듣던 만주 벌판이 지금은 개발이 되어 고속도로가 생기고 그 벌판은 옥수수밭으로 바뀌었다. 가도 가도 끝없는 옥수수밭. 성인 키보다 더 높이 자란 옥수수는 인민군들의 인해전술처럼 끝없이 만주 벌판을 차지하고 있다. 직접 만난 만주 벌판은 푸르고 푸른 옥수수 세상이었다.

통화시의 북한 식당인 '묘향산'에서 한국인 관광객을 맞이하던 북조선 여인들의 묘한 자태가 여운을 끌었다. 개망초 같은 가녀린 몸매로 손님을 맞이하고 다양한 악기를 다루며 노래와 춤을 추었다. 여행의 피로를 씻어 주려는 모습은 동남아 여느 북한 식당과 다를 바가 없었다. 그런데 그녀들이 부르는 〈고향의 봄〉 노래는 그날따라 유달리 가슴을 파고들었다. 은빛 쇳소리 같은 높은 음색의 목소리며 말씨이지만 듣는 이에겐 어딘지 모르게 서러운 울림이었다. 그들이 진정 따뜻한 남쪽의 꽃대

궐 차린 그 동네를 알기는 할까. 무대가 점점 클라이맥스로 치닫고 흥에 겨운 그녀들이 우르르 내려와 손님들 식탁으로 다가와서는 손을 내밀며 인사를 하였다. 그중 한 소녀가 내 손을 잡았다. 얼굴이 손거울처럼 작고 뽀얀 피부의 소녀였다. 잡은 손 또한 어린아이의 손처럼 작고 가늘었다. 와락 안아주고 싶다는 생각이 드는 순간 무엇이 그리 급한지 다람쥐처럼 쏙 빠져 다른 테이블로 달아나 버렸다. 어느 집 딸이며 어떻게 여기까지 왔을까. 스무 살이 채 되어 보이지 않은 여리고 어린 소녀, 재빠르게 무리 속에 섞여 생글생글 웃으며 손을 내밀던 모습이 아련하다.

백두산 여행을 간다고 했을 때 지인들이 들려준 말이 있다. 천지는 날씨가 변화무쌍하여 3대가 덕을 쌓아야 온전히 볼 수 있다고 했다. 그 말에 걱정되어 천지를 보게 해주십사 빌고 또 빌었다. 그러나 지인의 말처럼 백두산은 쉽게 자신의 자태를 허락하지 않았다. 8월 초인데도 날씨는 도착하자마자 비바람이 온몸을 휘감았고 자욱한 안개는 앞서가는 사람조차 삼켜버렸다. 개구쟁이들이 숨바꼭질하듯 숨고 또 숨었다. 겨우 안개를 더듬고 올랐으나 천지는 물안개로 장막을 쳤다. 크게 실망하여 하우스로 내려왔는데 그사이 추위에도 불구하고 기다린 사람들은 반짝 햇살에 천지를 보았다고 한다. 나는 오기로 오르내리기를 세 번째서야 그야말로 반짝 20~30초 사이에 천지의 신비스러운 자태를 만날 수 있었다.

아득한 세월 동안 이 땅을 지켜온 우리의 영산! 그 앞에 서 있다니 꿈만 같다. 화산 폭발로 생긴 높고 장엄한 산에 푸르디푸른 물빛이 한가득 봉우리 분화구를 메우고 있다니, 내 눈이 의심스러웠다. 천지의 모습을 내 눈 속에 영원히 담아 두고 싶었다.

백두산 천지의 반쪽과 북한은 우리가 다가갈 수 없는 거대한 섬이 되어 있었다. 곧이어 하얀 장막이 천지를 뒤덮고 내려가야 할 시간이 되었지만 내 생애에 다시 이 자리에 올 수 있을까. 그런 안타까움에 발길을 쉽게 돌릴 수가 없었다.

백두산까지 KTX가 놓인다면 서울에서 3시간 정도면 충분히 갈 수 있다고 한다. 하지만 이념의 철조망이 가로막혀 그 길은 반세기가 지나도록 오갈 수가 없다. 때마침 심양에서 백두산으로 가는 버스 안에서 본 비디오 KBS '역사스페셜'에서 북쪽의 많은 영토가 중국으로 팔렸다고 방송한다. 힘없는 나라는 언제든 강대국의 침략에 속수무책인 것을 역사가 보여주지 않는가. 하루속히 통일되어 반쪽 땅이 아닌 온전한 우리나라의 지도를 볼 수 있기를 소망한다. 백두산에서 뻗은 백두대간 등뼈가 굳건하여 한라산 백록담까지 이어져 우리가 육로로 마음껏 달려 볼 날이 언제쯤이면 올까.

경남산문선 95

매화마름에 반하다
배정희 수필집

1쇄 펴낸날 2025년 7월 21일

지은이 배 정 희
펴낸이 오 하 룡

펴낸곳 도서출판 경남
주 소 창원시 마산합포구 몽고정길 2-1
연락처 (055)245-8818
이메일 gnbook@empas.com
출판등록 제1985-100001호(1985. 5. 6.)
편집팀 오태민 심경애 구도희

ISBN 979-11-6746-188-9-03810

ⓒ배정희

＊이 책은 경상남도 경남문화예술진흥원의 문화예술지원을
  보조받아 발간되었습니다.
＊잘못된 책은 바꿔 드립니다.
＊저자와 협의 인지 생략합니다.

〔값 15,000원〕